Medienwissen kompakt

Reihe herausgegeben von
Klaus Beck
Greifswald, Deutschland

Gunter Reus
Hannover, Deutschland

Die Reihe Medienwissen kompakt greift aktuelle Fragen rund um Medien, Kommunikation, Journalismus und Öffentlichkeit auf und beleuchtet sie in eingängiger und knapper Form aus der Sicht der Publizistik- und Kommunikationswissenschaft. Die Bände richten sich an interessierte Laien ohne spezielle Fachkenntnisse sowie an Studierende anderer Sozial- und Geisteswissenschaften. Ausgewiesene Experten geben fundierte Antworten und stellen Befunde ihres Forschungsgebietes vor. Das Besondere daran ist: sie tun es in einer Sprache, die leicht, lebendig und jedermann verständlich sein soll. Mit einer möglichst alltagsnahen Darstellung folgen Herausgeber und Autoren dem alten publizistischen Ideal, möglichst alle Leser zu erreichen. Deshalb verzichten wir auch auf einige Standards „akademischen" Schreibens und folgen stattdessen journalistischen Standards: In den Bänden dieser Reihe finden sich weder Fußnoten mit Anmerkungen noch detaillierte Quellenbelege bei Zitaten und Verweisen. Wie im Qualitätsjournalismus üblich, sind alle Zitate und Quellen selbstverständlich geprüft und können jederzeit nachgewiesen werden. Doch tauchen Belege mit Band- und Seitenangaben um der leichten Lesbarkeit willen nur in Ausnahmefällen im Text auf.

Weitere Bände in der Reihe
http://www.springer.com/series/11553

Klaus Beck

Kommunika-
tionsfreiheit

Klaus Beck
Lehrstuhl für Kommunikationswissenschaft
Universität Greifswald
Greifswald, Deutschland

ISSN 2625-1469 ISSN 2625-1477 (electronic)
Medienwissen kompakt
ISBN 978-3-658-32477-3 ISBN 978-3-658-32478-0 (eBook)
https://doi.org/10.1007/978-3-658-32478-0

Die Deutsche Nationalbibliothek verzeichnet diese Publikation in der Deutschen Nationalbibliografie; detaillierte bibliografische Daten sind im Internet über http://dnb.d-nb.de abrufbar.

Springer VS ist ein Imprint der eingetragenen Gesellschaft Springer Fachmedien Wiesbaden GmbH und ist ein Teil von Springer Nature.
Die Anschrift der Gesellschaft ist: Abraham-Lincoln-Str. 46, 65189 Wiesbaden, Germany

Inhalt

1. Einstieg: Kommunikationsfreiheit in der Krise?

Als im Frühjahr 2020 klar wurde, wie gefährlich das Covid-19-Virus werden könnte, beschlossen die Regierungen fast überall auf der Welt Shutdowns und Lockdowns: Auf einmal war vieles verboten, was Spaß macht, und manches, was völlig selbstverständlich erschien. Sich mit Leuten treffen und reden war auf einmal kaum noch möglich – schon gar nicht im Café oder der Stammkneipe. Der Verwandtenbesuch im Altenheim, am Kranken- oder gar Sterbebett – leider wegen Corona verboten. Handschlag, Umarmungen, ein sanftes oder zynisches Lächeln – in Zeiten der Pandemie: unhygienisch oder hinter des Maske verborgen. Einkaufsbummel, Kino-, Theater- oder Museumsbesuch – nicht in diesen Wochen. Singen, Musizieren oder Sport treiben in der Mannschaft – zu gefährlich. Kindergarten, Schule, Hochschule – geschlossen. Stadion-, Konzert- oder Gottesdienstbesuche – viel zu unhygienisch. Protestversammlungen, Kundgebungen oder Demonstrationen – zum Beispiel gegen Shutdowns oder Lockdowns – sicherheitshalber erstmal nicht erlaubt.

Die Liste der Einschränkungen ließe sich fortsetzen, aber was hat das alles mit Kommunikationsfreiheit zu tun? Sehr viel, denn fast alle der oben genannten Alltagtätigkeiten

© Der/die Autor(en), exklusiv lizenziert durch
Springer Fachmedien Wiesbaden GmbH, ein Teil von Springer Nature 2021
K. Beck, *Kommunikationsfreiheit*, Medienwissen kompakt,
https://doi.org/10.1007/978-3-658-32478-0_1

setzen Kommunikation voraus oder bestehen geradezu aus Kommunikation. Das Gespräch mit Freunden, Bekannten und Verwandten zu verbieten oder doch sehr stark zu begrenzen, schränkt die Redefreiheit ein. Auch die körperliche Nähe und unsere Mimik stehen uns als Mittel der Verständigung nicht mehr frei zur Verfügung. Die freie Wahl zwischen persönlichem Gespräch und Videokonferenz findet gerade nicht statt. Die Schließung von Kultur- und Bildungseinrichtungen schränkt die Kunst- und Wissenschaftsfreiheit, das Verbot von Gottesdiensten die Freiheit der Religionsausübung ein. Das Versammlungsverbot widerspricht der Meinungsäußerungsfreiheit und der Vereinigungsfreiheit.

Gleichwohl haben die meisten von uns diese harten Maßnahmen akzeptiert, im Vertrauen darauf, dass die Verantwortlichen in Politik und Gesundheitswesen ihre Macht nicht missbrauchen und auf der Grundlage von bestem Wissen und Gewissen handeln. Dass so viele mit der zeitweiligen Einschränkung einverstanden waren, liegt nicht zuletzt daran, dass die Presse- und Medienfreiheit eben nicht eingeschränkt war. Wir alle konnten uns frei informieren, auch aus Quellen, die andere Meinungen vertreten haben. Es herrschte also – zumindest in Deutschland und vielen anderen freiheitlichen Ländern – Informationsfreiheit.

Und diejenigen, die die Maßnahmen für überzogen oder gar willkürlich hielten? Auch diese konnten weiter darüber diskutieren, mithilfe von Medien selbstverständlich öffentlich. Und relativ bald durften sie sich auch öffentlich versammeln und demonstrieren. Sogar die absurdesten Verschwörungstheorien ließen und lassen sich bis heute im Netz finden, ohne dass staatliche Zensoren einschritten. Aber es gibt durchaus eine Debatte darüber, ob man gezielt gestreute Falschnachrichten (Fake News) oder nur die gesundheitsgefährdenden Dummheiten eines US-Präsidenten besser löschen oder zumindest kennzeichnen müsse, eben weil sie gefährlich oder schädlich sein könnten.

Dieser kurze Rückblick zeigt: Kommunikationsfreiheit nehmen wir als Selbstverständlichkeit wahr, wir nutzen und genießen sie. Aber es scheint auch gute Gründe dafür zu geben, zumindest zeitweise und teilweise auf sie zu verzichten. Wir wägen ab zwischen Freiheit und Sicherheit, weil keiner dieser Werte absolut gilt. Noch schwieriger wird es, wenn wir auch die Menschenwürde und den Wert Gleichheit berücksichtigen. Dabei geht es nicht darum, wer eigentlich frei kommunizieren darf, sondern auch, ob wir eigentlich alle die gleichen Chancen haben, etwas öffentlich zu sagen und gehört zu werden.

Weltweit betrachtet sieht das recht unterschiedlich aus, denn es wurden beispielsweise *Reuters*-Journalisten verhaftet, die über die Infektionszahlen im Irak berichteten, oder die Seuche wird per Verlautbarung beendet, wie in China.

Freie Kommunikation ist aber nicht nur in Krisensituationen zugleich wichtig und bedroht. Wie der Blick in die Geschichte zeigt, musste sich die Idee der Kommunikationsfreiheit erst entwickeln und konnte sich nur langsam durchsetzen. Immer wieder kam es zu Rückschlägen, gerade in der deutschen Geschichte. Der Blick in die Welt zeigt, wie unterschiedlich Kommunikationsfreiheit verwirklicht ist. Aber ist das für uns, in einer wohlhabenden und liberalen Gesellschaft mit stabiler Demokratie und freiem Zugang zum Internet, nicht Schnee von gestern?

Um solche Fragen geht es in dem vorliegenden Band, der aus der Sicht eines Kommunikationswissenschaftlers geschrieben wurde, aber auch historische, rechtliche und ethische Aspekte behandeln wird.

2. Aufbau des Bandes

In diesem Buch wird in **Kapitel 3** zunächst erläutert, was eigentlich genau unter Kommunikationsfreiheit zu verstehen ist. Dabei zeigt sich, dass es um mehr als Meinungs- und Pressefreiheit geht und wie grundlegend dieses Recht für unser Zusammenleben ist.

Wie lange es vor allem in Deutschland gedauert hat, bis die Kommunikationsfreiheit anerkannt wurde, und welche Mächte sie jahrhundertelang bekämpft haben, beschreibt **Kapitel 4.**

Die Freiheit der Kommunikation wurde und wird nicht nur durch Zensur eingeschränkt. Es gibt eine Fülle weiterer Einschränkungen, von denen einige gute rechtsstaatliche Gründe haben, während das bei anderen bezweifelt werden kann. Es ist auch nicht mehr nur der Staat, der Kommunikationsfreiheit einschränkt, sondern ganz unterschiedliche soziale Gruppen und Organisationen haben daran ein Interesse, wie **Kapitel 5** zeigt.

Wir leben in einer kulturell vielfältigen Welt mit globaler Kommunikation, doch die Vorstellungen darüber, wie Kommunikationsfreiheit zu verstehen und wie sie umzusetzen ist,

© Der/die Autor(en), exklusiv lizenziert durch
Springer Fachmedien Wiesbaden GmbH, ein Teil von Springer Nature 2021
K. Beck, *Kommunikationsfreiheit*, Medienwissen kompakt,
https://doi.org/10.1007/978-3-658-32478-0_2

gehen weit auseinander. **Kapitel 6** gibt hierzu einen kurzen Überblick.

Die Onlinemedien gewinnen stark an Bedeutung für unseren Alltag und unsere Kommunikation miteinander. Wir leben in einer vernetzen Welt, die ganz neue Freiheiten der Kommunikation eröffnet, die aber auch neue Risiken und Gefahren für die Kommunikationsfreiheit mit sich bringt. Welche Rolle spielen Online-Plattformen und Algorithmen bei der kommerziellen Überwachung? Welche Folgen das für jede und jeden von uns, aber auch die gesamte Gesellschaft haben kann, untersucht **Kapitel 7**.

Ein kurzes Fazit sowie Hinweise für die weitere Lektüre und ein Glossar, in dem einige Fachausdrücke erläutert werden, schließen den Band ab.

3. Was ist Kommunikationsfreiheit?

Was genau ist eigentlich Kommunikationsfreiheit? Geht es um Presse- und Medienfreiheit, sind also nur Journalisten und Journalistinnen gemeint? Geht es um Meinungs- oder um Redefreiheit, die allen zusteht? Das folgende Kapitel gibt Antworten auf die Fragen:

- Welche Rechte gehören zur Kommunikationsfreiheit?
- Wem stehen diese Freiheitsrechte zu?
- Warum soll Kommunikationsfreiheit gewährt bzw. garantiert werden?

Gedankenfreiheit, Glaubensfreiheit, Meinungsfreiheit, Redefreiheit

»Die Gedanken sind frei, wer kann sie erraten?«, lautet eine populäre Liedzeile des frühen 19. Jahrhunderts; »Geben Sie Gedankenfreiheit, Sire«, fordert pathetisch Schillers Marquis von Posa (1787 im »Don Carlos«) vom spanischen König Phillip II., einem ausgemachten Feind der Freiheit und Freund der Inquisition. Im Volkslied wie im Drama kommt der menschliche Wille zum Ausdruck, sich seine Gedanken ebenso wenig wie seinen Glauben von den Mächtigen vorschreiben zu lassen, sondern sich selbst zu verwirklichen, ganz Mensch zu sein. Doch dürfen die Gedanken nur frei sein,

© Der/die Autor(en), exklusiv lizenziert durch
Springer Fachmedien Wiesbaden GmbH, ein Teil von Springer Nature 2021
K. Beck, *Kommunikationsfreiheit*, Medienwissen kompakt,
https://doi.org/10.1007/978-3-658-32478-0_3

wenn man sie nicht erraten kann, eben weil man sie niemandem mitteilt? Das würde uns heutzutage wohl kaum ausreichen. Und weiter: Können wir überhaupt denken, ohne die Gedanken anderer zu kennen, uns mit ihnen auseinanderzusetzen, sie selbst zu durchdenken, um uns eine eigene Meinung zu bilden?

Gedanken-, Meinungs- und Glaubensfreiheit reichen also nicht aus: Wir beanspruchen das Recht, mit anderen Menschen über unsere Gedanken zu reden, ihnen unsere Meinung zu sagen und sie nicht für uns zu behalten. Meinungsbildung setzt Kommunikation voraus, und deshalb bedingen sich Meinungsfreiheit und Meinungsäußerungsfreiheit wechselseitig. Das eine geht nicht ohne das andere.

Wie aber können wir unsere Meinung äußern? Zunächst einmal mithilfe der Sprache, also durch die Rede, die von anderen gehört und verstanden werden kann und die vielleicht Widerspruch hervorruft, den wir wiederum hören und verstehen und so weiter. Gedankenfreiheit, Meinungsfreiheit, Meinungsäußerungsfreiheit und Redefreiheit (Freedom of Speech) sind also untrennbar miteinander verbunden. Die Reichweite unserer Rede ist aber immer nur begrenzt – durch die Hörweite, die notwendige Anwesenheit von (meist wenigen) Zuhörern, meine mangelnden Fremdsprachenkenntnisse und letztlich sogar durch meine Lebenszeit. Aber wenn ich die räumliche, zeitliche und soziale Reichweite meiner »Rede« erweitern möchte, kann ich zu anderen Mitteln (Medien) greifen: Um meine Meinung zu verbreiten, kann ich sie aufschreiben und versenden, ich kann den Text der Rede drucken lassen, im Web oder auf sozialen Netzwerken online verbreiten, ich kann die gesprochene Sprache (und sogar ein Video) aufzeichnen und zu einer anderen Zeit oder an einem anderen Ort abspielen (lassen). Wir können uns heute also auch als Amateure praktisch aller technischer Medien bedienen, um unsere Meinung zu verbreiten und um die Meinung anderer zu erfahren.

Die gesprochene und geschriebene Sprache spielt bei der Äußerung und Verbreitung von Meinungen nach wie vor eine sehr wichtige Rolle, denn sie erlaubt es, ungemein komplexe Gedankengänge verständlich auszudrücken. Es gibt aber auch andere Zeichen, um seine Meinung zum Ausdruck zu bringen: eine rote Fahne, eine schwarz-rot-goldene Trikolore, die blaue Europafahne oder die »Reichskriegsflagge« zu zeigen, wird auch ohne Rede verstanden. Hinzu kommen weniger auffällige Abzeichen an der Kleidung, Aufkleber an Haus- und Bürotüren, Laternenpfählen, auf Autos, Fahrrädern oder Notebooks. Sie geben Auskunft über unsere Meinung und können Aufforderungen oder gar Provokationen zum Gespräch sein. Manche Formen des Protests kommen ganz ohne Rede aus: der öffentliche Kniefall (als Zeichen der Solidarität mit den Opfern rassistischer Polizeigewalt oder als Ehrenbezeugung eines deutschen Kanzlers gegenüber den Opfern nationalsozialistischer Gewalt), die Gedenkminute, der Schweigemarsch. Mit dem Begriff der Redefreiheit lässt sich das nicht vollständig beschreiben.

Zu den Mitteln und Möglichkeiten, Meinungen zum Ausdruck zu bringen, zählen auch die Künste: Literatur und Theater, bildende Kunst, Fotografie und Film sind hierfür ästhetische Mittel, die sowohl für die freie Entfaltung des Individuums (Autorinnen und Autoren wie deren Interpreten) wesentlich sind als auch für die öffentliche Meinungsbildung von Bedeutung sein können. Im deutschen Grundgesetz wird deshalb auch die **Freiheit der Kunst,** übrigens im selben Artikel 5 wie die Meinungsfreiheit, garantiert.

Auch Forschung und Lehre beruhen auf Kommunikation. Die wissenschaftliche Debatte, der Diskurs der begründeten Argumente, das Stellen von Fragen können nur zu neuen Erkenntnissen führen, wenn sie frei sind. Denkverbote und Dogmen behindern die Suche nach der Wahrheit. Auch die **Wissenschaftsfreiheit** ist Teil der Kommunikationsfreiheit.

Versammlungs- und Vereinigungsfreiheit

Sich seine Meinung frei zu bilden und sie zu äußern, ist das
Recht jedes Menschen, und übrigens im deutschen Grundgesetz aufgrund historischer Erfahrungen nicht auf deutsche
Staatsangehörige beschränkt. Dieses individuelle Menschenrecht darf aber auch kollektiv ausgeübt werden: Das Recht,
sich (friedlich) zu versammeln, um seine Meinung zum Ausdruck zu bringen oder sie sich im Gespräch zu bilden, die De-
monstrations- oder Versammlungsfreiheit (GG Art 8), ist untrennbar mit der Kommunikationsfreiheit verbunden. Und
darüber hinaus muss es nicht bei der einmaligen öffentlichen
Kundgebung bleiben, man darf sich auch dauerhaft zusam-
menschließen in Vereinen, Bürgerinitiativen, Aktionsgrup-
pen, Parteien, Gewerkschaften oder Kirchen, um kontinuier-
lich seine gemeinsamen Anliegen und Überzeugungen
öffentlich mitzuteilen (Vereinigungsfreiheit). Auch die ungestörte Religionsausübung und das Recht auf individuelle
wie kollektive weltanschauliche Bekenntnis (GG Art. 4) zählen zu den Kommunikationsfreiheiten.

Presse- und Medienfreiheit

Die persönliche Rede unter Bekannten, auf einer öffentlichen
Versammlung oder in einem Verein erreicht nur einen überschaubaren Kreis von Personen. Theoretisch und zunehmend
auch praktisch kann jede und jeder alle heute verfügbaren
technischen Medien nutzen, um die Reichweite seiner Meinungsäußerung zu steigern. Die Meinungsfreiheit umfasst
auch die Verbreitungsfreiheit (GG Art. 5). Allerdings sind die
Chancen, das auch wirklich bzw. wirksam zu tun, in der Gesellschaft recht ungleich verteilt. Wirft man einen Blick zurück in die Geschichte, dann waren es vor allem technische
Zugangsprobleme, die es schwer gemacht haben, sich der

Medien zu bedienen, um anderen etwas mitzuteilen. Sieht man genauer hin, dann waren es aber nicht nur technische Begrenzungen wie Druckkapazitäten oder Rundfunkfrequenzen, sondern mangelnde Finanzmittel oder fehlende Zeit. Die Produktion von Büchern, Zeitungen und Zeitschriften, das Erstellen und Senden von Radio- und Fernsehbeiträgen erfordert handwerkliche Fähigkeiten, über die nicht alle verfügen. Presse und Rundfunk werden daher von großen Organisationen mit mehreren Dutzend, Hundert oder Tausend professionellen Medienleuten arbeitsteilig betrieben. Die anfallenden Kosten für die journalistische Arbeit, die technische Herstellung und die Verbreitung sind sehr hoch. Es handelt sich bei den Medienbetrieben meist um industrielle Unternehmen, für die alle Gesetze des Kapitalismus gelten. Das bedeutet zum Beispiel, dass die großen Medienanbieter Kostenvorteile haben, dass es sehr schwierig ist, neu auf den Medienmarkt zu kommen und sich dort erfolgreich zu behaupten. Als Individuum haben wir weitaus geringere Möglichkeiten, unsere Meinung über Presse und Rundfunk frei zu verbreiten, als diejenigen, die in den Medienunternehmen arbeiten oder denen sie gehören. Übrigens haben auch die Onlinemedien und die sozialen Netzwerke an dieser Ungleichheit nicht so viel verändert, wie manche glauben. Um bekannt zu werden, Glaubwürdigkeit zu erwerben und wirklich ein nennenswertes Publikum zu erreichen, braucht man auf Plattformen wie YouTube, Instagram oder Facebook ein professionelles Marketing. Auch online werden daher die aus Presse und Rundfunk bekannten und als glaubwürdig eingestuften Medienmarken besonders häufig genutzt.

Was hat es vor diesem Hintergrund also mit der Pressefreiheit bzw. der auch Rundfunk, Film und alle Onlinemedien umfassenden Medienfreiheit auf sich? Betrifft sie nur die Journalistinnen und Journalisten? Die Presse- und Medienfreiheit, wie sie mustergültig im deutschen Grundgesetz (Art. 5) beschrieben ist, unterscheidet sich vom individuellen Jedermanns-Recht auf freie Meinungsäußerung. Die Medienfreiheit schützt die Medien als Institution vor dem Staat, sie stellt ein Abwehrrecht dar, das in einem langen und mühsamen historischen Prozess errungen wurde. Die Freiheit der Presse und der Medien ist insofern eine negative Freiheit, als sie dem Staat verbietet, in die Tätigkeiten von Presse und anderen Medien einzugreifen. Im deutschen Grundgesetz wird das durch ein ausdrückliches »Eine Zensur findet nicht statt« nochmals bekräftigt. Journalismus und Medien sollen als gesellschaftliche Institutionen nämlich bestimmte Leistungen oder Funktionen für die gesamte Gesellschaft wie für einzelne Bürgerinnen und Bürger erbringen: Sie sollen informieren, bei der Meinungsbildung helfen, die Regierenden ebenso wie Konzerne, Verbände, Kirchen etc. kritisieren und kontrollieren, aber auch unsere Fragen, Themen und Meinungen artikulieren. Alle diese Rollen, die weit über das hinausgehen, was der oder die Einzelne leisten kann, sind durch die institutionelle Presse- und Medienfreiheit besonders vor dem Staat geschützt. Vielfach ist etwas ungenau von den Medien als »Vierter Gewalt« die Rede, die für die Kritik und Kontrolle der drei Staatsgewalten (Legislative, Exekutive, Judikative) zuständig ist. In freiheitlichen Gesellschaften sind die Medien aber gerade keine (vierte) Staatsgewalt, sondern eine gesellschaftliche Macht oder Institution, die den Staat von außen kritisch distanziert beobachtet.

Presse- und Medienfreiheit stellen also einen zusätzlichen Aspekt der Kommunikationsfreiheit dar, als Institutionen nehmen die Medien eine Sonderstellung ein, weil sie bestimmte für eine Demokratie grundlegende und für die Meinungs- und Willensbildung von uns allen unabdingbare Leistungen erbringen. Die journalistischen Medien müssen im Gegenzug eine öffentliche Aufgabe erfüllen, zu der es eben auch zählt, dass wir alle in diesen Medien mit unseren Themen, Fragen, Problemen und Meinungen vorkommen. In der Wissenschaft spricht man von Kommunikationsrepräsentanz, weil Journalistinnen und Journalisten uns vertreten sollen, wo wir nicht selbst zu Wort, Ton und Bild kommen (können). Im Idealfall ist es also gar nicht nötig, selbst einen Artikel, ein Podcast oder ein Posting zu verbreiten, weil Journalisten das für mich in den großen Publikumsmedien tun – und dafür auch von mir bezahlt werden. Schließlich bauen wir ja auch unsere Nahrungsmittel nicht mehr alle selber an und lassen unsere Elektrogeräte lieber von Profis reparieren. Der Journalismus vermittelt unsere Mitteilungen professionell, d. h. er wählt nach den Interessen der Allgemeinheit aus, überprüft den Wahrheitsgehalt und die Relevanz, recherchiert Hintergründe und andere Ansichten der Dinge, bereitet die Aussagen medien- und publikumsgerecht auf, um sie dann an das Publikum zu verbreiten.

Damit der Journalismus bzw. die Medien diese anspruchsvolle Rolle erfüllen können, werden ihnen Sonderrechte eingeräumt, die wir als »Normalbürgerinnen« nicht besitzen: In den Pressegesetzen der deutschen Bundesländer wird der Presse ein Auskunftsanspruch gegenüber den Behörden und öffentlichen Unternehmen und ein Zugangsrecht zu öffentlichen Veranstaltungen eingeräumt. Das versetzt sie in die Lage, uns umfassender zu informieren, als dies Privatpersonen in sozialen Netzwerken können. Um Quellen wie Whistleblower oder Leaker zu schützen, die Redaktionen brisante Informationen zukommen lassen, aber ihre Existenz dafür nicht aufs Spiel setzen möchten, gibt es ein Redaktionsgeheimnis, einen (faktisch etwas löchrigen) Schutz vor Redaktionsdurchsuchungen und Beschlagnahmungen sowie das Recht, die Aussage vor Gericht zu verweigern. Journalistinnen und Journalisten dürfen sogar rechtswidrig erlangte Informationen verbreiten, sie dürfen sie nur selbst nicht auf kriminelle Weise beschaffen. Die Pressefreiheit schützt als Medienfreiheit nicht nur die gedruckte Presse, sondern alle Medien öffentlicher Kommunikation. Alle Mitarbeiter und Mitarbeiterinnen der Medien genießen den institutionellen Schutz der

Medienfreiheit, auch diejenigen, die gar nicht redaktionell tätig sind und an der Erfüllung der öffentlichen Aufgabe nicht im engeren Sinne mitwirken. Kurz gesagt: Auch die Klatschpresse und die Boulevardmedien, die Sport-, Hobby- und Unterhaltungsmedien sind frei; es gibt keine Mindestqualitätsstandards, die hierfür erfüllt werden müssen.

Umstritten ist, inwieweit die einzelnen Journalistinnen und Journalisten nicht nur eine individuelle Meinungsfreiheit genießen, sondern selbst Träger der Pressfreiheit sind. Dürfen sie wirklich schreiben und sagen, was sie wollen, oder müssen sie das verbreiten, was ihnen Chefredakteure, Herausgeberinnen oder Verlage »diktieren«? Paul Sethe, einer der Gründungsherausgeber der *Frankfurter Allgemeinen Zeitung,* schrieb 1965: »Die Pressefreiheit ist die Freiheit von zweihundert reichen Leuten, ihre Meinung zu verbreiten.« Findet eine »Zensur« in den Redaktionen statt oder herrscht neben der äußeren auch eine innere Pressefreiheit? Hinter dieser Frage steht das Problem, ob die Kommunikationsfreiheit für alle auch bedeutet, dass alle die gleiche Chance haben, sie zu verwirklichen. Im 18. und vor allem im 19. Jahrhundert waren es vor allem die gebildeten Stände, also bürgerliche Eliten, die Presse- und Kommunikationsfreiheit für sich in Anspruch nahmen: Lehrer und Professoren, Beamte, Pfarrer und Unternehmer – für Frauen, Arbeiter, Bauern und viele anderen Gruppen sollte das Recht nicht unbedingt gelten. Formal gibt es in der Bundesrepublik einen freien Zugang zum journalistischen Beruf, d. h. jede und jeder darf auch ohne Ausbildung und Diplom journalistisch arbeiten.

Die Kommunikationswissenschaft versteht die Presse- und Medienfreiheit nicht nur als negative Freiheit im Sinne der Freiheit vom Staat. Das vollständige Verbot staatlicher Gestaltung würde die Medien getreu dem liberalen Ideal vollständig dem Markt überlassen. Das hätte zwar den großen Vorteil, einen der, historisch betrachtet, größten Feinde der Kommunikationsfreiheit endgültig vom Spielfeld zu verweisen. Aber wer dafür plädiert, der muss auch in Kauf nehmen, dass sich auf dem Spielfeld das Recht (und das heißt hier: die Themen und Meinungen) des Stärkeren durchsetzt. Demokratie und Markt sind nämlich unterschiedliche Ideen und politische Ordnungsvorstellungen: Die öffentliche Meinung bildet sich nicht (und schon gar nicht so effizient) wie der Preis nach dem Gesetz von Angebot und Nachfrage, es geht auch nicht um die private Nutzenmaximierung von Konsumenten und Produzenten im Sinne des Homo oeconomicus, sondern um ein kollektives Gut.

Auch das Bundesverfassungsgericht vertritt die Auffassung, dass es für die Kommunikationsfreiheit nicht ausreicht, wenn der Staat nicht in die Medien eingreift (negative »Freiheit von«). Im Gegenteil ist es Aufgabe des Staates, eine positive Medien- und Kommunikationsfreiheit zu garantieren, also für eine Medienordnung zu sorgen, in der diese Freiheit zur Geltung kommt. Dazu rechnen die Verfassungsrichter regelmäßig auch den öffentlich-rechtlichen Rundfunk, der nicht marktkonform ist, aber eine öffentliche Aufgabe für das Gemeinwohl erbringt. Der Blick in andere, durchaus demokratische, Staaten zeigt, wohin die »reine Marktwirtschaft« beim Rundfunk führt. Eine marktwirtschaftliche Ordnung führt bei den Medien, wie in allen Branchen, automatisch zur Marktkonzentration. Bei den meisten Waren und Gütern greifen das Bundeskartellamt oder die Wettbewerbskommissarin der EU ein, um den Missbrauch von Marktmacht vor allem bei der Preisgestaltung zu verhindern. Bei den Medien geht es aber nicht so sehr um die Preise, die durch Oligopole oder Monopole beliebig in die Höhe getrieben werden können, sondern um den Zugang zur Öffentlichkeit, um eine faire Chance auf Kommunikationsrepräsentanz oder gar die Frage einer »privaten« (also durch das Grundgesetz nicht einmal verbotenen) Zensur. Das Bundesverfassungsgericht betrachtet daher auch Medienvielfalt als eine notwendige Voraussetzung von Kommunikationsfreiheit, und da diese durch den Markt alleine nicht entsteht, bedarf es staatlicher Medienpolitik.

Zugegeben, es klingt paradox: Ausgerechnet der Staat, der eigene Machtinteressen hat und dessen Vertreterinnen und Vertretern eher wenig an öffentlicher Kritik gelegen sein dürfte, soll die Medienfreiheit durch Politik herstellen. Alle medienpolitischen Maßnahmen müssen deshalb auch besonders kritisch beäugt werden – nicht zuletzt von den Medien selbst. Das Grundgesetz beschreibt diese gewünschte, positive Medienordnung nicht näher, so dass immer wieder kommunikationspolitische Gestaltungskonflikte entstehen, die meist erst vom Bundesverfassungsgericht entschieden werden. Herausgebildet hat sich als grundlegender Konsens, dass sich staatliche Behörden nicht in die Inhalte der Medien einmischen, weil dies dem Zensurverbot widersprechen würde. Staatliche Medienpolitik beschränkt sich auf die Bereitstellung von Strukturen, die eine freie Information und Meinungsbildung ermöglichen und wahrscheinlich machen sollen. Das schließt technische Infrastrukturen, die Finanzierungsgarantie für ARD und ZDF, die Medienförderung sowie die Regulierung des Medienmarktes ein, betrifft aber nicht die Ebene der Berichterstattung oder der redaktionellen Arbeit.

Informationsfreiheit

Kommunikationsfreiheit umfasst nicht nur das Recht, seine Meinung mit allen Darstellungsmöglichkeiten und Medien frei zu äußern, sondern auch die Möglichkeit, Ansichten und Meinungen der anderen Menschen ungehindert wahrnehmen zu können. Als denkende Wesen sind wir auf Kommunikation mit anderen angewiesen; Gedankenfreiheit setzt die Kenntnis von Ideen, Themen, Ansichten und Meinungen anderer voraus, die den »Stoff« für eigenes Denken liefern. Kurzum: Wir benötigen Informationen und freien Zugang zu den Aussagen anderer Menschen, und das gilt auch international (vgl. Kap. 6). Freiheit der Information bedeutet allerdings nicht, dass sie immer und für alle auch kostenfrei zur Verfügung stehen muss. Das gilt zwar für den Staat und andere große Organisationen, die ihre Tätigkeit öffentlich rechtfertigen. Die Vorstellung, dass die Bundesregierung oder der VW-Konzern für die Teilnahme an Pressekonferenzen oder die Nutzung von Pressemitteilungen Geld verlangen, wäre bizarr. Aber dort, wo journalistische Arbeitskraft eingesetzt werden muss, um an die Nachrichten überhaupt erst zu gelangen bzw. um diese zu kommunizieren, entstehen Kosten. Der Verkauf von Medieninhalten an das Publikum ist – übrigens zunehmend – der wichtigste Weg, Journalismus zu finanzieren, während Werbung und Rundfunkbeiträge nur einen Teil beitragen können. Problematisch wäre es allerdings, wenn Informationen nur noch gegen so horrende Preise herausgegeben werden, dass große Teile der Bevölkerung ausgeschlossen würden. Damit ist nicht gemeint, dass bestimmte Fachinformationen, geldwerte Börsennachrichten oder die Fußballbundesliga-Übertragung nichts kosten dürfen, auch wenn hierdurch zweifellos gesellschaftliche Ungleichheiten entstehen oder verfestigt werden. Informationsfreiheit ist zwar ein Jedermanns-Recht, aber nicht gleichbedeutend mit Informationsgleichheit. Gewahrt bleiben muss die faire Chance, sich seine politische Meinung frei zu bilden, ohne dass der Staat dies beschränkt oder verbietet.

Negative Kommunikationsfreiheit und das Recht auf informationelle Selbstbestimmung

Freiheit bedeutet auch, selbst darüber entscheiden zu können, wie und ob man seine Freiheit nutzt. Meinungsfreiheit, Meinungsäußerungsfreiheit, Versammlungs- und Vereinigungsfreiheit besitzen als individuelle Menschenrechte eine positive und eine negative Seite: positiv als Freiheit zu, negativ als Freiheit vom Zwang etwas zu tun. Beide Seiten gehören untrennbar zusammen, wie die beiden Seiten derselben Medaille, denn Freiheit meint immer auch die Wahlfreiheit eines selbstbestimmten, autonomen Individuums. Wir, und das heißt jeder und jede, sind selbst vernünftig und mündig genug, zu entscheiden, ob und wie wir Kommunikationsfreiheit wahrnehmen. Das einzige, was uns nicht frei gestellt ist, ist die Tatsache, dass wir uns entscheiden müssen, was wir wollen.

Das Beispiel der Schweigeminute oder des Schweigemarsches als »stumme« Protestformen verweist auf die Bedeutung dieser negativen Kommunikationsfreiheit. In freien Gesellschaften darf niemand gezwungen werden, seine Meinung zu äußern, sich zu einer Religion, Parteilinie oder irgendeiner anderen Doktrin zu bekennen. Die Verweigerung der Zustimmung muss nicht immer in Worte gefasst werden, um verstanden zu werden. Das Recht auf Schweigen ist grundlegend für die Wahrung der Menschenwürde, denn erzwungene Meinungsäußerungen lassen uns keine Wahl, sie führen automatisch zu Lippenbekenntnissen, Heuchelei und Lüge. Meinungsäußerungsfreiheit umfasst das Recht seine ehrliche Meinung zu verschweigen. Der in autoritären Gesellschaften, aber auch in politischen Gesinnungsgemeinschaften anzutreffende »Geständniszwang« steht der Selbstbestimmung des Menschen entgegen. Weiter noch: Meinungsfreiheit umfasst auch das Recht, gar keine Meinung zu einer Frage zu haben. Im Alltag und erst recht in den sozialen Netzwerken stehen wir oftmals unter Druck, eine Meinung zu haben und oft auch sie zu bekennen: Vom »Meinst Du nicht auch …« im Gespräch bis zur Aufforderung etwas online zu »liken« – unsere Meinung scheint gefragt zu sein, unabhängig davon, ob und wie gründlich wir über etwas nachgedacht haben. Das kann der Grund für ein Phänomen sein, dass der US-Philosoph Harry Frankfurt als »Bullshit« bezeichnet: Ohne sich weiter darum zu kümmern, ob etwas wahr oder ehrlich gemeint ist, wird es geäußert.

Auch für die ungestörte Religionsausübung und das Recht auf individuelle wie kollektive weltanschauliche Bekenntnis (GG Art. 4) gilt die negative Freiheit, dass niemand gezwungen werden darf, etwa an der Demonstration zum 1. Mai teilzunehmen, der jeweiligen Staatspartei oder Kirche beizutreten oder auch nur die religiöse Eidesformel (»So wahr mir Gott helfe!«) vor Gericht zu nutzen.

Ähnlich sieht es bei der Informationsfreiheit aus, denn Menschen dürfen nicht dazu gezwungen werden, etwas zu lesen, zu hören oder anzusehen. Das schützt vor verordneter Propaganda, erlaubt es aber auch, bestimmte Informationen, zum Beispiel zur gesundheitlichen Aufklärung oder andere »Wahrheiten, die man nicht hören will«, zu vermeiden oder zu ignorieren.

Wenn wir autonom also selbst bestimmen, was und wie wir kommunizieren, bedeutet das auch, dass alleine wir darüber entscheiden dürfen, was andere über uns erfahren und wissen, und was nicht. Schon aus den negativen Kommunikationsfreiheiten folgt das Recht auf Schweigen und Verschweigen und unter Zwang selbstverständlich auch das Recht (wenn nicht gar die moralische Pflicht), zu lügen, zu täuschen und zu betrügen – etwa im Polizeiverhör in einem autokratischen Staat. Die Möglichkeit, seinen wahren Namen nicht zu nennen, also anonym oder unter Pseudonym (Künstlernamen, Nickname) zu kommunizieren, stellt ebenfalls eine wichtige Freiheit dar. Sie hilft dabei, offen seine Meinung zu sagen oder für die Allgemeinheit relevante Informationen zu offenbaren (»Whistleblower«), ohne seine persönliche Existenz aufs Spiel zu setzen.

Als Abwehrrecht gegenüber den Behörden, die nicht nur im Polizeistaat oder einer Diktatur gerne alles oder doch ziemlich viel über ihre Bürgerinnen und Bürger wissen möchten, hat das deutsche Verfassungsgericht (schon 1987 anläss-

lich der Volkszählung) ein Recht auf informationelle Selbstbestimmung begründet. Das hat sich als äußerst hellsichtig
erwiesen, denn durch die Digitalisierung und Vernetzung unserer Gesellschaft steht dieses Recht täglich, eigentlich sogar
mit jedem Mausklick im Netz auf dem Spiel. Was ist mit dieser
Kommunikationsfreiheit gemeint? Im Kern geht es um den
Schutz der menschlichen Würde, zu der unser grundlegendes
Bedürfnis nach Privatheit zählt. Der Schutz der Privatsphäre vor staatlichen und sonstigen Eingriffen zählt zu den großen Errungenschaften liberaler Gesellschaften. Traditionell
stellt man sich die Privatsphäre tatsächlich räumlich vor, als
die »eigenen vier Wände«, die mein »Home« zum »Castle«
machen, bei dem ich als Burgherr selbst entscheiden kann,
wann ich die Zugbrücke herunterlasse, wem ich Einlass ge-
währe und wen ich in den Wassergraben zurückdränge. Die
Privatsphäre umgibt die höchst persönliche Intimsphäre und
wird selbst von der Gesellschafts- bzw. Öffentlichkeitssphäre umhüllt. Kommunikation kann die Grenzen zwischen diesen Sphären überwinden: Ich kann zum Beispiel über meine
persönlichen Gefühle oder meine sexuellen Erfahrungen in
der Öffentlichkeit reden, also Intimes publizieren. Vermutlich
häufiger werde ich über meine Familie am Arbeitsplatz erzäh-
len, also Privates in eine kleine, noch recht übersichtliche Öffentlichkeit bringen. Nach der Zwiebel- oder Sphärentheorie
sind die Grenzen zwischen Intimem, Privatem und Öffent-
lichem relativ leicht zu kontrollieren: Jeder kann selbst entscheiden, mit wem er worüber redet – je nach Grad der Ver-
trautheit und persönlichem Vertrauen. Dabei kann man sich
übel täuschen oder es noch Jahre später bereuen, wem man
damals seine Gefühle gebeichtet oder ein Missgeschick berichtet hat. Und natürlich hat es auch immer Eheleute und
Eltern gegeben, die »schnüffeln«, also Briefe und Tagebücher
von anderen lesen.
     Bereits das Brief-, Post- und Telekommunikationsgeheim-
nis (GG Art. 10) kann als Teil der informationellen Selbst-

bestimmung und der Kommunikationsfreiheit gelten: Wir können nur »offen reden«, wenn das Gespräch »unter uns bleibt«. In modernen und freiheitlichen Gesellschaften galt lange Zeit, dass wir in den meisten Fällen selbst entscheiden konnten, wo wir die Grenze zwischen geheimen bzw. intimen, privaten und für die Öffentlichkeit bestimmten Informationen gezogen haben. Die gegenwärtige »Mediatisierung«, also die zunehmende Durchdringung unseres Alltags vor allem mit Onlinemedien, die wir in allen Lebensbereichen nutzen, produziert enorme Datenmengen. Sie geben sehr detailliert Auskunft über uns und werfen die Frage auf, ob wir tatsächlich noch selbst bestimmen, wer was über uns erfährt (Antworten wird Kap. 7 geben).

Grundgesetz

(1) Jeder hat das Recht, seine Meinung in Wort, Schrift und Bild frei zu äußern und zu verbreiten und sich aus allgemein zugänglichen Quellen ungehindert zu unterrichten. Die Pressefreiheit und die Freiheit der Berichterstattung durch Rundfunk und Film werden gewährleistet. Eine Zensur findet nicht statt.

(2) Diese Rechte finden ihre Schranken in den Vorschriften der allgemeinen Gesetze, den gesetzlichen Bestimmungen zum Schutze der Jugend und in dem Recht der persönlichen Ehre.

Kommunikationsfreiheit: Warum und wozu?

Es gibt gute Gründe und mindestens zwei logische Begründungswege für die Kommunikationsfreiheit: anthropologisch-humanistische und politisch-funktionalistische. Was ist damit gemeint?

Eine ganz zentrale Begründung für die Kommunikationsfreiheit liegt in der Natur des Menschen, wenn man so will im Wesen des Menschlichen und seiner Würde. Wir verstehen uns selbst als denkende Wesen, die sich von allen anderen Lebewesen darin unterscheiden, dass wir ein waches Bewusstsein für uns selbst und für die Welt um uns herum haben. Wir machen uns Gedanken über diese Welt, eignen sie uns durch unser Denken und Wissen an, entwickeln Ansichten und Meinungen. Nur auf dieser Grundlage können wir mehr oder weniger vernünftige Entscheidungen treffen und bewusst auf die Welt, unsere Mitmenschen und uns selbst einwirken. Wir können rationale Gründe für unser bewusstes Handeln und dahinter stehende Absichten angeben. Doch dieses einzigartige menschliche Potential kann sich nur in Freiheit entwickeln, aber auch nur gemeinsam mit anderen Menschen. Während wir reden oder schreiben, also unsere Gedanken anderen mitteilen, erkennen wir oft neue Zusammenhänge, entdecken weitere Gründe oder stoßen auf Gegenargumente. Der Dramatiker Heinrich von Kleist hat diesen Zusammenhang bereits vor über zweihundert Jahren als »die allmähliche Verfertigung der Gedanken beim Reden« beschrieben. Gedankenfreiheit und Redefreiheit bzw. Kommunikationsfreiheit hängen also sehr eng zusammen, sie lassen sich nicht voneinander trennen, weil wir soziale Wesen sind. Wenn die Kommunikationsfreiheit eingeschränkt wird, wird auch die Gedankenfreiheit, ja die Denkfreiheit eingeschränkt. Der Mensch wird dessen beraubt, was ihn erst vollends zum Menschen macht. Verwirklichung, Entfaltung, Entwicklung des Menschlichen ist ohne freies Denken und Kommunizieren

nicht möglich. Kommunikationsfreiheit stellt ein angeborenes und unveräußerliches, also ein natürliches Recht aller Individuen dar, wie vor allem der liberale englische Philosoph
John Locke im 18. Jahrhundert argumentierte. Alle Einschränkungen der Kommunikationsfreiheit stehen daher im Wider-
streit mit der Würde des Menschen.

Die hier nur skizzierte naturrechtliche, humanistische Begründung der Kommunikationsfreiheit als natürliches Menschenrecht ist ein Produkt der westlichen Aufklärung und der
Französischen Revolution, sie hat ihren Niederschlag seit dem
18. Jahrhundert auch in vielen Verfassungen Europas und
der USA gefunden. Das bedeutet aber keineswegs, dass diese Gründe nur historisch oder in einem kleinen Teil der Welt
gelten, wie viele Feinde der Kommunikationsfreiheit argumentieren. Diese verwahren sich gegen den Universalismus,
also die weltweite und zeitübergreifende Geltung der Menschenrechte, mit dem vorgeschobenen Argument, es handele sich um kolonialistische Bestrebungen »des Westens« zur
Unterdrückung »anderer Kulturen« des »globalen Südens.«
Die »westliche« Kommunikationsfreiheit sei »unislamisch«
oder stehe im Widerspruch zur »jahrtausendealten konfuzia-
nischen Kultur«. Die politischen Gefangenen, die in China,
dem Iran und der arabischen Welt oder sonst irgendwo im
Gefängnis gefoltert werden, weil sie von der Kommunikationsfreiheit Gebrauch gemacht haben, sehen das anders (vgl.
Kap. 6)

Es gibt weitere Begründungen der Kommunikationsfreiheit, die mit der humanistischen Begründung nicht im Widerspruch stehen, aber anders argumentieren. Zentral ist
dabei, dass die Medien- und Kommunikationsfreiheit eine
wichtige politische und gesellschaftliche Funktion erfüllt, dass
sie nützlich ist für jeden demokratischen Staat und eine ge-
rechte, zivil(isiert)e Gesellschaft insgesamt. Historisch entstanden ist diese Argumentationslinie ebenfalls in der Aufklärung und im Liberalismus des 17. bis 19. Jahrhunderts, der

sich gegen Feudalismus und Absolutismus richtete (vgl. hierzu auch das folgende Kapitel 4). Doch wie wurde und wird
hierbei das Recht auf freie Kommunikation begründet?

Zunächst einmal mit historischen Beispielen aus der Antike: Die griechische Polis und das Imperium Romanum zeigen, wie vielschichtige Gesellschaften und ganze Weltreiche
zumindest nach innen friedlich existieren und über lange Zeit
stabil bleiben können, ohne dass sie der Zensur bedürfen. Die
gesellschaftliche Ordnung bricht also keineswegs zusammen,
wie Befürworter der Kontrolle und Zensur gerne behaupten. Die Antike sollte aber – auch in diesem Punkt – nicht
zu sehr idealisiert werden, denn sicherlich hatte nicht jedermann (und schon gar nicht jede Frau) das gleiche Recht, die
persönliche Meinung frei zu äußern. Aber erst mit dem Chris-
tentum und seinem Anspruch auf absolute Wahrheit setzte
eine durch Papst und Inquisition strikt organisierte und zum
Teil brutal durchgesetzte Zensurpraxis ein. Die philosophische und naturwissenschaftliche Suche nach Wahrheit und
Erkenntnis, der Fortschritt von Wissenschaft und Mensch-
heit wurden massiv behindert. Prominent sind die Fälle von
Galileo Galilei und Charles Darwin, die aus Sicht der katholischen Kirche »ketzerische Weltbilder« belegen konnten und
daher mundtot gemacht werden sollten. Das Leugnen natur-
wissenschaftlich belegter Fakten und das Verhängen von Re-
deverboten ist – leider – keine rein historische Erscheinung,
wie die »Kreationisten« in den USA zeigen. Immerhin ist es
ihnen in vielen Fällen gelungen, die Evolutionstheorie aus
dem Schulunterricht zu verbannen. Solche Beispiele zeigen,
wie ein borniertes Festhalten an sehr altmodisch verstande-
nen Glaubensgrundsätzen sowohl den Erkenntnisfortschritt
einer Gesellschaft behindern können als auch die persönliche
Bildung von Menschen.

Das führt uns zu einem weiteren Argument für die Kommunikationsfreiheit. Jede Form der Zensur oder Einschränkung der freien Kommunikation wirft nämlich die Frage auf,

wer eigentlich berechtigt ist, solche Einschränkungen vorzunehmen und woher diese Befugnisse stammen. Sind die Zensoren überhaupt in der Lage, zu verstehen, was sie verbieten wollen, und können sie Gründe angeben? Meist berufen sie sich – schon mangels Sachkompetenz – auf höhere Weisheiten und Instanzen, beispielsweise Gott bzw. Jesus (»Ich bin der Weg und die Wahrheit und das Leben«) oder den wissenschaftlichen Sozialismus (»Der Marxismus ist mächtig, weil er wahr ist«). Diejenigen also, die anderen den Mund verbieten möchten, geben vor (oder glauben es sogar wirklich), im Besitz einer absoluten Wahrheit zu sein. Das ist im Grunde eine sehr schwache »Argumentation«, denn sie beruht auf mehreren nicht beweisbaren Behauptungen: Erstens, dass es eine absolute (also genau eine) Wahrheit gibt; zweitens, dass man selbst (und meist nur man selbst) sie kennt, obwohl es doch eine höhere, nicht-menschliche Wahrheit ist; und drittens, dass man aus der vermeintlichen Kenntnis der Wahrheit auch die (einzig) richtigen Schlussfolgerungen zieht, nämlich anderen die Meinung zu verbieten, sie zu verfolgen und zu ermorden. Das ist dann die Wahrheit, die offenbar gemeint ist. Selbstverständlich argumentieren nicht alle Katholikinnen oder Marxisten so, und oftmals wird ihnen selbst als ersten das Recht auf freie Kommunikation genommen. Es sind aber gerade die unterschiedlichen Lesarten derselben Texte, sei es die Bibel oder die Werke von Marx und Engels, die zeigen, dass es nicht besonders schlau ist, sich selbst zum Inhaber der absoluten Wahrheit zu erklären. Im Gegenteil spricht sehr viel dafür, der Wahrheit im Gespräch näher zu kommen, in dem verschiedene Positionen vertreten werden, wo also Kommunikationsfreiheit herrscht. Alle erfolgreichen Wahrheitssuchen, verstanden als Suche nach unvollständigen und vorübergehenden Wahrheiten (im Plural), haben gezeigt, dass Kommunikation eine wesentliche Voraussetzung war: Die Suche nach Wahrheit ist eine kollektive Angelegenheit (»Vier Augen sehen mehr als zwei«).

Der Kern des Arguments lautet, dass Kommunikationsfreiheit nützlich und deshalb schützenswert ist, und zwar nützlich nicht allein für den Einzelnen, sondern für die Gesellschaft und das Gemeinwohl. Der Gedanke der Nützlichkeit und Vorteilhaftigkeit von Kommunikationsfreiheit vor allem in Gestalt der Pressefreiheit wird seit dem 17. Jahrhundert immer lauter artikuliert. 1644 verfasst John Milton eine fiktive Rede an das britische Parlament (»Aeropagitica«), in der er sich vehement für die Freiheit der Presse und gegen eine staatliche Kontrolle einsetzt. Viele liberale Vorkämpfer schreiben der Pressefreiheit eine Rolle bei der Förderung von Gesellschaft, Wirtschaft und Staat zu. 1859 begründet der britische Liberale John Stuart Mill die Kommunikationsfreiheit vor allem mit der Wahrheitsfunktion des Diskurses, also der freien Wechselrede. Es gehe nicht nur um ein individuelles Recht, sondern um die unverzichtbare Prüfung von Ansichten und Meinungen. Unzulässig und unvernünftig wäre es, eine Meinung zum Schweigen zu bringen, die entweder richtig sein könne oder doch zumindest ein Körnchen Wahrheit beinhalte, das man für die ganze Wahrheit brauchen könne. Aber auch die freie Äußerung von Ansichten, die sich am Ende nicht als wahr oder richtig erweisen, ist hilfreich, weil sie helfen, die Argumente für die richtige Ansicht zu schärfen. Für Milton wäre es sträflich, wenn wir zwar die richtige Meinung teilen, aber gar nicht wissen und sagen können, warum sie richtig ist. Es geht, wie Immanuel Kant 1784 in seiner berühmten Antwort auf die Frage »Was ist Aufklärung?« betont hat, darum, von seinem »eigenen Verstand« Gebrauch zu machen, ohne die »Leitung eines anderen«.

Ohne solche freie Kommunikation im Parlament und vermittelt durch die Presse kann die Regierung nicht genug über die Bevölkerung, ihre Probleme und Anliegen, ihre Einstellungen und Meinungen wissen. Politik, die sich nur auf geheimdienstliche Informationen (also die Bespitzelung des eigenen Volkes) verlässt, scheitert früher oder später: Wis-

sen ist Macht. Karl Marx, später vielfach zur Rechtfertigung von Zensur missbraucht, setzte sich als Journalist 1842
für die Pressefreiheit ein. Sein Argument war, dass die Zensur die öffentliche Meinung zum »Mysterium« mache und
das »sprechende Band, das den Einzelnen mit dem Staat
und der Welt verknüpft«, zerschneide. Heute würden wir
von Transparenz oder mit dem Soziologen Niklas Luhmann
von »Selbstbeobachtung der Gesellschaft« sprechen. Politischer Fortschritt, vor allem die Überwindung absolutistischer
Herrschaft (»Gottesgnadentum«), ist in Europa sehr eng mit
freier Kommunikation verbunden. Im 18. und 19. Jahrhundert entwickelt das Bildungsbürgertum eine kritische bürgerliche Öffentlichkeit. Der Soziologie und Sozialphilosoph Jürgen Habermas beschreibt, wie in den Salons, Kaffeehäusern
und Pubs, vernetzt aber vor allem durch die Tagespresse und
Zeitschriften kommuniziert wurde. Ausgehend von der Li-
teratur- und Kunstkritik wird nach und nach Kritik an den
Herrschenden und schließlich sogar am Herrschaftssystem
laut. Vor allem im (vor-)revolutionären Frankreich kommt
die Überzeugung auf, die Freiheit der Presse sei die notwendige Bedingung für die Bildung einer öffentlichen Meinung
und die Artikulation eines vernünftigen Gemeinschaftswil-
lens (»Volonté Générale«).

Fassen wir zusammen: Kommunikationsfreiheit ist ein grund-
legendes Menschenrecht, das die individuelle Gedanken-, Glau-
bens-, Meinungs-, Meinungsäußerungs-, Versammlungs- und
Vereinigungsfreiheit sowie die Informationsfreiheit und das
Recht auf informationelle Selbstbestimmung umfasst. Auch die
institutionelle Presse- und Informationsfreiheit, im weiteren
Sinne auch die Kunst- und die Wissenschaftsfreiheit sind Teil
der Kommunikationsfreiheit. Dabei stellen positive und negati-
ve Kommunikationsfreiheit zwei Seiten derselben Medaille dar:
Jeder und jede hat auch das Recht darauf, keine Meinung zu et-
was zu haben oder diese nicht bekennen zu müssen, zu schwei-

gen oder sich nicht zu informieren. Ohne Kommunikationsfreiheit können freiheitliche Demokratien nicht bestehen; die
gemeinsame Suche nach Wahrheit setzt den freien Austausch
von Gedanken voraus.

4. Der unvollendete Kampf um die Kommunikationsfreiheit

Es hat lange gedauert, bis die Kommunikationsfreiheit als Recht zumindest in Europa und Nordamerika anerkannt und in den Verfassungen garantiert wurde. Auf einem anderen Blatt steht, ob sie auch dort, wo sie Recht und Gesetz ist, schon verwirklicht ist (beides sehen wir uns in den Kapiteln 5 und 6 näher an). Zunächst lohnt ein Blick auf die historische Entwicklung, auch um besser zu verstehen, mit welchen Begründungen, Motiven und Mitteln vor allem Kirche und Staat gegen die Kommunikationsfreiheit gekämpft haben.

Agora und Forum: Redefreiheit in der Antike?

Die Freiheit der Rede ist in der Antike zwar bekannt, gilt aber nur für die politische Elite zum Beispiel der römischen Senatoren oder ausschließlich die männlicher Vollbürger Athens: Frauen, Unfreie und Sklaven sowie »Ausländer« zählen nicht zum Kreis derer, die sie in Anspruch nehmen können. Das gleiche Recht auf Mitsprache (Isegoria) gilt selbst in Athen also nicht als natürliches, angeborenes Recht aller Menschen. Als Tugend gilt die freimütige Rede (Parrhesia), vor allem, weil sie als hilfreich für die Suche nach der Wahrheit oder der besten Lösung angesehen wird. Der Rahmen der freien Rede

ist immer die Polis, Kommunikationsfreiheit ist keine negative Freiheit vom Staat, sondern eine Freiheit im Staat und zu
seinem Nutzen. Erlaubt sind satirische und komödiantische
Formen der Kritik, aber nicht die Herabsetzung der Götter
(Blasphemie). Zu ihrem Schutz werden Zensur und Gerichte
eingesetzt, die zum Beispiel gegen Sokrates schwere Strafen
verhängen.

Im römischen Reich ist die Redefreiheit (Libertas) an die
konkrete Position und das Ansehen einer Person (Auctori-
tas) gebunden. Sie gilt nicht einmal für alle römischen Bürger,
sondern für Senatoren und Beamte, später dann als Gunst-
beweis der jeweiligen Kaiser, niemals aber als Menschen-
oder Grundrecht. Ein Zwölftafel-Gesetz stellt vor allem Beleidigungen der Ehre unter Strafe. Zensur wird zum Schutz
der Götter angewendet und zum vermutlich ersten Mal büro-
kratisiert. Die für die Volkszählung (Census) und das Bürger-
recht zuständige Verwaltung wacht auch über die Einhaltung
moralischer Standards. Die Christenverfolgung zeigt, dass
auch Gewissens-, Glaubens- und Religionsfreiheit keineswegs
selbstverständlich sind. Selbst an die politische Macht gelangt
und im Besitz der kulturellen Hegemonie, verfahren christliche Herrscher dann seit der Spätantike für die nächsten beiden Jahrtausende ebenfalls alles andere als tolerant.

Buchdruck und Zensur

Die Zensur von Literatur ist älter als die Erfindung des Buch-
drucks mit beweglichen Lettern; bereits seit dem 4. Jahrhundert haben christliche Kaiser und Kirchenfürsten Bücher
verboten und öffentlich verbrannt. Aber erst die neue Me-
dientechnologie ruft die Einrichtung einer systematischen
Zensur hervor. Die Möglichkeit massenhaft Flugschriften,
Broschüren, Bücher und später dann regelmäßig erscheinen-
de Zeitungen herzustellen, schürt die Angst vor der unkon-

trollierten Verbreitung von »ketzerischen« oder »aufrühre-
rischen« Inhalten. Seit Mitte des **15. Jahrhunderts** setzt sich
daher die Vorzensur durch, d.h. im Gegensatz zu Altertum
und Mittelalter müssen in der Neuzeit die Werke vor der
Veröffentlichung zur Prüfung vorgelegt werden. Der Kampf
um die Wahrung des rechten Glaubens und die Einheit der
Kirche bzw. die geistlichen wie weltlichen Herrschaftsansprü-
che des Papsttums sind ausschlaggebend. Zuständig für die
praktische Durchführung der Zensur sind zunächst die Universitäten: Die Kölner Universität zensiert ab etwa 1475 religiöse Schriften im Auftrag des Papstes. Auch weltliche Texte
werden mehr und mehr in die Zensurpraxis einbezogen. 1512
verbietet der Kaiser mit einer religiösen Begründung zum ersten Mal ein Buch, ab 1521 werden die reformatorischen Schriften Martin Luthers verboten, und 1529 beschließt der Reichstag (also die Versammlung der Fürsten) die Vorzensur. Das
Tridentinische Konzil begründet im Kampf gegen den Pro-
testantismus 1559 den berühmt-berüchtigten Index der verbotenen Bücher (»Index librorum prohibitorum«), der bis in
die 1960er Jahre gepflegt wird und sich wie ein Führer durch
die Weltliteratur und Geistesgeschichte liest: Von Balzac
über Dumas und Stendhal bis Zola und von Heidegger über
Hobbes bis Sartre finden sich viele empfehlenswerte Autorinnen und Autoren auf der Liste, die bis zu 6 000 Titel umfass-
te. Mit Ausnahme der als ausreichend im Glauben gefestig-
ten und insofern immunisierten kirchlichen Funktionäre ist
es den gewöhnlichen Christen – bei Strafe der Exkommunikation – nicht erlaubt, religiöse Werke von Häretikern, also
Glaubensabweichlern, oder Belletristik zu lesen, die angeblich
den christlichen Moralvorstellungen von Ehe, Familie und Sexualität widerspricht.

Aufgrund der starken Zunahme von Neuerscheinungen
stehen die Zensurbehörden im **16. Jahrhundert** vor wachsen-
den Aufgaben. Um wirksam zu kontrollieren, wird deshalb
vorgeschrieben, in jedem Druckwerk Verfasser und Drucker

anzugeben (Impressumspflicht) und jedes Werk bei den Zensurbehörden abzuliefern. 1570 werden Druckereien jenseits der großen Universitätsstädte als sogenannte Winkeldruckereien verboten, weil man sonst die Übersicht über den Markt verliert. Bestraft werden können nicht nur Autoren und Drucker, sondern auch Buchhändler. War es bei der Zensur – zumindest vorgeblich – um den Schutz der Religion gegangen, so ändert sich mit der Reformation die Lage: Nun geht es um den Schutz der katholischen Konfession und des Papstes. Dort, wo sich die Reformation durchsetzt, wird die Exkommunikation als Strafe wirkungslos, und die evangelischen Landesherren sehen zunächst keine Veranlassung weiter zu zensieren. Der deutsche Kaiser hingegen hält an der Zensur fest und beruft sich auf verschiedene Beschlüsse des Reichstags, das Strafgesetzbuch, die Reichspolizeiordnung von 1577 und die ihm bereits Ende des 15. Jahrhunderts eingeräumten Rechte, alleine über das Buch- und Pressewesen zu entscheiden (»Kaiserliches Bücherregal«). In der Verlags- und Messestadt Frankfurt am Main richten die katholische Kirche und der Kaiser 1597 gemeinsam eine »Bücherkommission« für die einheitliche Zensur ein. Auch von protestantischer Seite, selbst jahrzehntelang Opfer der katholisch-kaiserlichen Zensur, werden Zensurmaßnahmen ergriffen. In Brandenburg und Sachsen sind Schriften der katholischen Gegenreformation verboten. Die Reformation kann also nicht pauschal als Beginn der Pressefreiheit gefeiert werden. Die enge Bindung zwischen Kirche und Staat bleibt zunächst erhalten, ebenso wie die Überzeugung (oder die Schutzbehauptung), dass die »Landeskinder« vor den falschen Meinungen geschützt werden müssen.

Auch die Friedensschlüsse zwischen den verfeindeten Lagern (Augsburger Religionsfrieden von 1555, Westfälischer Frieden 1648) führen nicht zum Ende der Zensur, nur zu einer neuen Begründung: Nun geht es nicht mehr um den einen wahren Glauben, sondern um die Wahrung des inneren Friedens. Verboten ist es daher, andere Konfessionen zu beschimpfen, zu verspotten oder zu schmähen.

Absolutismus, Aufklärung und Bürgerliche Revolution

Im 18. Jahrhundert wird politische Herrschaft, wo sie nicht ohnehin von kirchlichen Würdenträgern in Personalunion ausgeübt wird, durch die Kirche legitimiert: Absolutistische Herrscher wie Frankreichs Ludwig XIV. oder Preußens Friedrich der Große begründen ihre Herrschaft mit dem »Gottesgnadentum«. Jeglicher Ungehorsam oder gar ein Aufbegehren gelten als religiöse Sünden, und im Gegenzug sorgt die politische Macht für die Durchsetzung der kirchlichen Vorstellungen von Religion und Moral. Es rücken zunehmend politische Schriften ins Zentrum der Zensur. Verboten, beschlagnahmt und verbrannt werden Schriften, die eine Landesregierung oder die Gesetze des Reiches kritisieren; bestraft werden können Verfasser, Drucker, Händler und Leserinnen. Bis zum Anfang des 18. Jahrhunderts weist die Zensurpraxis noch viele Lücken und viele Widersprüche auf, ab etwa 1770 wird sie systematischer und strenger. Hintergrund sind Aufklärung und Revolution in Frankreich, die von der Kirche und dem absolutistischen Adel in Deutschland als Gefahr erkannt werden. Der Staat als säkulare Macht übernimmt die Zensur für politische Zwecke. Gegenstand der Besorgnis und damit der Zensur werden zunehmend Sitte und Moral, die gerade von den unterhaltenden Druckmedien »verdorben« werden könnten.

Die Diskussion revolutionärer Ideen, zu denen in Frankreich und den USA auch die Menschenrechte und damit die Kommunikationsfreiheit zählen, prägt auch die deutsche Aufklärung. 1806 endeten mit dem »Heiligen Römischen Reich Deutscher Nation« auch die Zensurregelungen und

-institutionen. Inspiriert und ermutigt durch die europäische
Entwicklung nehmen in den deutschen Staaten die Vorstö-
ße für die Abschaffung der staatlichen Zensur merklich zu.
Die Befreiungskriege gegen Napoleon haben nicht nur zu einem nationalen Überschwang geführt, sondern auch die politische Meinungsmacht einer – mehr oder weniger – freien
Presse verdeutlicht. Das Ansehen der Presse ist gestiegen, und
ihr politischer Nutzen als Kommunikationsinstrument deutlich geworden. Einige Landesherren gewähren eingeschränkte Pressefreiheit, aber als Gnade und nicht als anerkanntes
Grundrecht. Das Herzogtum Nassau verbürgt 1814 als erster
deutscher Staat die Pressefreiheit in der Verfassung, bei der
Gründung des Deutschen Bundes 1815 wird die »Preßfreiheit«
in Art. 18d der Bundesakte festgeschrieben. Ort und Kontext
dieser Bestimmung machen deutlich, dass es hier nicht um
ein grundlegendes und umfassend verstandenes Menschenrecht geht. Nur fünf Jahre später beenden die reaktionären
Karlsbader Beschlüsse und das neue »Preßgesetz« den Traum
von der Kommunikationsfreiheit in Deutschland und Öster-
reich für mindestens ein weiteres Jahrhundert. Alle Zeitungen,
Zeitschriften und Bücher mit bis zu 320 Seiten unterliegen der
Vorzensur: Wenn überhaupt, dürfen sie erst veröffentlicht
werden, nachdem eine staatliche Behörde sie gelesen, gegebenenfalls gekürzt oder anderweitig verändert hat. Alle umfang-
reicheren Druckwerke unterliegen der Nachzensur. Das Er-
scheinen von Zeitungen kann vorübergehend oder dauerhaft
verboten werden, Journalisten werden mit einem Berufsver-
bot bedroht, die Versammlungsfreiheit praktisch abgeschafft.
    Die Herausbildung einer bürgerlichen Öffentlichkeit, die
es auch den Nicht-Adligen erlaubt hätte, ihre Interessen gegenüber dem Fürsten zu artikulieren oder gar über seine politischen Entscheidungen zu »räsonieren«, also vernünftig und
kritisch in der Öffentlichkeit nachzudenken, wird durch die
Karlsbader Beschlüsse 1819 bis zur Revolution 1848 wirksam
verhindert. Die Höfe der Regierenden schotten sich kommuni-

kativ ab, in Preußen wird »Preßfreiheit« als »Preßfrechheit«
interpretiert. Man erwartet Vertrauen ohne Kommunikation
und bemüht sich nicht wie in den fortgeschrittenen Staaten
darum, Vertrauen durch Kommunikation zu gewinnen. Ein
Blick ins Ausland zeigt, wie stark die Durchsetzung der Kommunikationsfreiheit in Deutschland hinterherhinkt:

- Es ist kein Zufall, dass es sich bei John Milton (»Aeropagitica« von 1644), aber auch bei John Stuart Mill um britische
  Autoren handelt, denn **England** gilt als das Mutterland der
  Rede- und Pressefreiheit. Bereits 1689, als Deutschland
  noch ein feudalistischer Flickenteppich mit lokalen und re-
  gionalen Fürsten ist, werden als Ergebnis der Glorreichen
  Revolution die Redefreiheit und die Immunität der Abge-
  ordneten im Parlament garantiert. Neben England sind einige ehemalige britische Kolonien in Nordamerika sowie
  Schweden und Frankreich Vorreiter der Meinungs-, Rede-
  und Pressefreiheit. Das gilt nicht nur für die philosophi-
  schen und politischen Begründungen, sondern auch für
  die Umsetzung in Verfassungen.
- 1766 gewährt der schwedische König die »Freiheit des
  Schreibens und des Drucks«, die Verfassung von 1809 umfasst die Pressefreiheit für alle **Schweden;** auch **Dänemark**
  erlebt von 1768 bis 1772 eine kurze Phase der Kommunikationsfreiheit.
- 1776 wird in **Virginia** eine »Bill of Rights« formuliert, die
  auch die Pressefreiheit umfasst, im selben Jahr garantiert
  Pennsylvania die Pressefreiheit, und 1791 wird die Verfassung der **Vereinigten Staaten von Amerika** mit dem Ersten Verfassungszusatz (First Amendment) verabschiedet.
  Er verbietet dem US-Kongress bis heute, Gesetze zur Einschränkung der Rede- und Pressfreiheit zu erlassen.
- Auch in **Frankreich** wird über verschiedene Aspekte der
  Kommunikationsfreiheit diskutiert, und zwar auch im La-
  ger der Aufklärer durchaus kontrovers: Montesquieu und

Rousseau (selbst Opfer der Zensur) etwa wollen durch Zensur die öffentliche Moral schützen, Voltaire gesteht die Freiheit nur der gebildeten Elite (zu der er sich rechnen durfte) zu. 1789 schließlich werden Gedanken-, Meinungs-, Rede- und Pressfreiheit in der Erklärung der Menschen- und Bürgerrechte als zentrale Forderung der Französischen Revolution artikuliert und 1791 in die Verfassung aufgenommen. Gleichwohl werden im Namen der Revolution abweichende Meinungen verfolgt und »Abweichler« oder »Konterrevolutionäre« aufgrund ihrer Meinungsäußerungen hingerichtet. Der französischstämmige Schriftsteller und politische Theoretiker Benjamin Constant (1767–1830) zählt zu den ersten, die Kommunikationsfreiheit nicht vor allem den gebildeten und besitzenden Eliten vorbehält, sondern die Gleichheit als weiteres Grundrecht in den Vordergrund rückt.

In Deutschland spielt Kommunikationsfreiheit wie die anderen Grundrechte bis 1830 nur in der Hälfte der Landesverfassungen eine Rolle. Danach werden sie nach dem Vorbild der französischen Chartisten und der belgischen Verfassung als gnädige Zugeständnisse mancher Landesfürsten auch Deutschen zugebilligt. Erst mit der politischen Bewegung des »**Vormärz**« und der **Revolution von 1848** kommt – zumindest für kurze Zeit – etwas Licht in das Dunkel der staatlichen Unterdrückung der Kommunikationsfreiheit. Das Parlament der Paulskirche beschließt, angeregt durch die amerikanische und französische Entwicklung, die »Grundrechte des deutschen Volkes«, in denen »jeder Deutsche« auch »das Recht, durch Wort, Schrift und bildliche Darstellung seine Meinung frei zu äußern«, zugebilligt sowie ausdrücklich die Pressefreiheit garantiert wird, die nicht durch Zensur oder andere staatliche Auflagen (Konzessionszahlungen, Vertriebsverbote oder Handelsbeschränkungen, Auflagenbegrenzungen etc.), eingeschränkt werden darf. Die Umsetzung verläuft jedoch recht unterschiedlich – in den süddeutschen Staaten liberaler als in Preußen und dann im gesamten Norddeutschen Bund, wo per Pressegesetz die Freiheit wenige Jahre später wieder eingeschränkt wird. An die Stelle der »vorbeugenden« Präventivzensur tritt im 19. Jahrhundert Zug um Zug die repressive Nachzensur durch Polizeibehörden. Statt willkürlicher Entscheidungen gibt es gesetzliche Regelungen, und aus dem Polizeisystem der Zensur wird zusehends ein Justizsystem. Mit Instrumenten wie dem (angedrohten) Entzug der Gewerbekonzession von Verlagen, dem Ausschluss von der staatlichen Postbeförderung, der Bestrafung durch den Verlust von staatlichen Anzeigen oder polizeilichen Beschlagnahmungen wird die Presse- und Kommunikationsfreiheit auch in der zweiten Hälfte des 19. Jahrhunderts immer wieder durch wirtschaftlichen Druck eingeschränkt.

Bismarck vs. Pressefreiheit

Die **Deutsche Reichsverfassung von 1871** garantiert weder die Pressefreiheit noch andere Grundrechte, sodass die Regierung mit einfachen Gesetzen leicht Einschränkungen verfügen kann. Das übrigens in weiten Teilen Deutschlands bis 1960 geltende **Reichspressegesetz** schafft 1874 einen national verbindlichen Rahmen und bringt einige rechtsstaatliche Fortschritte. Es sieht Beschränkungen der Pressefreiheit durch weitere Gesetze vor. Hierunter fallen auch Delikte wie Majestätsbeleidigung und pressetypische Tatbestände; das Strafgesetzbuch ist im Grunde weitaus wichtiger als das Reichspressegesetz. Im Kaiserreich herrscht tatsächlich nur eine sehr eingeschränkte Pressefreiheit, zumal außer der Regierung auch andere Kräfte auf die Medien einwirken.

In den 1880er Jahren kämpfen Organisationen gegen »Schmutz und Schund« in den Medien, die wir heute als zivilgesellschaftlich bezeichnen würden: Lehrervereine, Bürgerinitiativen, Sittlichkeitsvereine, kirchliche Gruppen. Ihre Besorgnis und ihre Forderung nach Verbot und Zensur richten sich vor allem auf Unterhaltungsangebote in den Medien.

Mit der steigenden Nachfrage nach Zeitungen und Zeitschriften entstehen große Verlagskonzerne, die aus wirtschaftlichen Erwägungen heraus wenig Wert auf inhaltliche Vielfalt legen oder sich parteipolitisch eindeutig positionieren. Der nationalkonservative Hugenberg-Konzern, der eng mit Militär und Rüstungsindustrie verflochten ist, beliefert weite Teile der Provinzpresse mit denselben Artikeln und gewinnt eine sehr starke Meinungsmacht.

Reichskanzler Otto von Bismarck erweist sich in mehrfacher Hinsicht als Feind der Pressefreiheit: Als preußischer Ministerpräsident hatte er Zeitungen verboten und Journalismus behindert. Nun lässt er kritische Berichte über seine Politik massenhaft als persönliche Beleidigung strafrechtlich verfolgen. Viele Redaktionen stellen eigens sog. Sitzredakteure ein, deren Hauptbeschäftigung darin besteht, Gefängnisstrafen für die Redaktion abzusitzen. Im Kampf gegen die katholische Kirche (»Kulturkampf«) lässt der »eiserne Kanzler« ab 1872 Pfarrer verklagen, die in ihren Predigten auch politisch Stellung nehmen; ähnliches gilt für die katholische Presse. Besonders am Herzen liegt dem preußischen Konservativen der Kampf gegen die aufstrebende Sozialdemokratie. 1878 setzt er das Sozialistengesetz durch, mit dem rund zehn Jahre lang Versammlungen sowie die gesamte Presse der SPD, der Kommunisten und der Arbeiterbewegung verboten werden. In vielen Fällen entscheiden die Gerichte zwar gegen Bismarck und die Behörden, aber in Folge der Klagen bleiben die Zeitungen bis zum Urteil beschlagnahmt oder verboten. Das Strafrecht wird also von Bismarck und Konsorten gezielt missbraucht, um die Kommunikationsfreiheit der politischen Gegner einzuschränken und nicht um Straftaten zu ahnden.

Mit dem **Ersten Weltkrieg** setzen 1914 auch die Militärzensur der Presse sowie die staatliche Lenkung der Berichterstattung und eine intensive Kriegspropaganda ein. Das erste Opfer des Krieges ist bekanntlich die Wahrheit. Dabei erstreckt sich die Zensur keineswegs nur auf militärische Nachrichten, sondern auf die gesamte Politik.

Ein kurzer Lichtblick mit Schattenseiten

Erst mit der Revolution 1918 und der neuen **Verfassung der Weimarer Republik** von 1919 verbessert sich die Situation – zumindest für die nächsten zwölf Jahre. In Art. 118 wird jeder und jedem Deutschen das Recht verbrieft, »seine Meinung durch Wort, Schrift, Druck, Bild und in sonstiger Weise frei zu äußern«. Auch die innere Pressefreiheit der Journalistinnen und Journalisten sowie das Verbot staatlicher Zensur werden ausdrücklich festgeschrieben. Es sollen allerdings nicht nur die allgemeinen Gesetze als Schranken gelten, vielmehr werden weitere Einschränkungen in der Verfassung angekündigt: Filmzensur, Jugendschutz sowie die Bekämpfung von »Schund- und Schmutzliteratur« schränken das Verbot staatlicher Zensur gleich wieder ein. Geschützt wird die freie Meinungsäußerung, nicht aber die freie Berichterstattung der Medien. Die Kommunikationsfreiheit wird nicht als Grundrecht an prominenter Stelle platziert und allen Menschen zugebilligt, sondern nur den »Deutschen«, was sich bei der Ausgrenzung jüdischer Journalisten als »Nicht-Arier« durch die Nazis als verhängnisvolle Schwäche erweisen wird. Noch entscheidender für die Einschränkung der Kommunikationsfreiheit wird allerdings Art. 48 der Verfassung werden. Er ermöglicht es dem Reichspräsidenten bei der (nicht näher erklärten) erheblichen Störung oder Gefährdung der öffentlichen Sicherheit und Ordnung gegebenenfalls mithilfe von Polizei oder Militär Grundrechte wie die Meinungs- und Medienfreiheit außer Kraft zu setzen. Dem Reichstag wird nur eine Einspruchsmöglichkeit gewährt, d. h. die Exekutive besitzt weitreichende Möglichkeiten. Aufgrund der anhaltenden politischen Instabilität, die sich immer wieder in Gewaltausbrüchen bis hin zu Mordanschlägen auf führende Politiker wie Erzberger und Rathenau ausdrückt, werden ab 1921 insgesamt 13 Notverordnungen sowie weitere Gesetze in Kraft gesetzt, die Meinungsäußerung und Presse einschränken.

1920 wird im Reichslichtspielgesetz die Filmzensur durch zwei Filmprüfstellen in Berlin und München eingeführt, der bis 1931 rund 190 Filme zum Opfer fallen, darunter auch die Verfilmung des pazifistischen Bestsellerromans »Im Westen nichts Neues« von Remarque. Es geht also nicht nur um den Schutz religiöser Gefühle oder konservativer Sexualmoral, sondern um politische Zensur. Auch die Literatur wird zensiert: Auf Grundlage des Gesetzes zur Bewahrung der Jugend vor Schund- und Schmutzschriften von 1926 sind auch Werke von Balzac, Kleist und Goethe betroffen. Bei der aktuellen Unterhaltungsliteratur, in der es auch um außereheliche Sexualität, Empfängnisverhütung, Abtreibung und Prostitution gehen kann, wird keine Vorzensur durchgeführt, aber auf Antrag können die massenhaft verbreiteten Fortsetzungsromane von Prüfstellen indiziert werden, um Werbung und Abgabe an unter Achtzehnjährige zu unterbinden.

Die Theater werden von der örtlichen Polizei zensiert, und auch das neue Medium Hörfunk schon bald durch einen »Überwachungsausschuß« und »Kulturbeiräte« quasi einer Vorzensur unterworfen. Die ab 1922 mögliche polizeiliche Zensur der Tagespresse trifft die kommunistische und gemäßigt linke Presse weitaus häufiger als die rechtsextreme Nazipresse. Der politische Rechtsruck unter Reichspräsident Hindenburg führt ab 1925 zu weiteren Notverordnungen, einem Gesetz zum Schutz der Republik und 1931 zu einer Änderung des Reichspressegesetzes. Die teilweise Wiedereinführung der Vorzensur, die Beschlagnahme und das massenhafte Verbot von Zeitungen sind das Ergebnis.

In der ersten deutschen Demokratie ist staatliche Zensur damit tatsächlich nicht ausgeschlossen. Hinzu kommen aber weitere Einschränkungen der Kommunikationsfreiheit. Hier ist zum einen die kapitalistische Organisationsweise der Presse und des Films zu nennen, die zur starker Medienkonzentration führt. Der bereits erwähnte Hugenberg-Konzern verfügt unter anderem über den Berliner Verlag Scherl, eine eigene Nachrichtenagentur, enormen wirtschaftlichen und politischen Einfluss auf die Provinzpresse sowie mit der Ufa über das Monopol auf dem Filmmarkt. Viele Industriekonzerne besitzen bedeutsame Zeitungen (wie die *Frankfurter Zeitung* oder die *Münchener Neuesten Nachrichten*) und Dutzende von Titeln der Provinzpresse. Sie üben Einfluss auf die Berichterstattung aus und versuchen die öffentliche Meinung zu lenken; ein gleiches Recht auf Meinungsäußerung und -verbreitung, wie es die Verfassung garantiert, wird damit strukturell unmöglich.

Neben Staat und Konzernen führen auch die Aufmärsche und Aktionen kommunistischer und vor allem nationalsozialistischer Schlägertrupps zur Einschränkung der Kommunikationsfreiheit. Dabei geht es nicht allein um Saalschlachten bei den Versammlungen von KPD oder NSDAP. Auch wenn die kommunistische Seite in der Wahl ihrer Mittel wenig zimperlich ist, sind es doch vor allem die konservativen, zuweilen reaktionären gesellschaftlichen, wirtschaftlichen und politischen Kräfte, die in der Weimarer Republik die Kommunikationsfreiheit einschränken. Es bildet sich in Fragen der Kommunikationsfreiheit eine mitunter unterschiedlich motivierte Koalition aus Vertretern der beiden christlichen Kirchen, die gegen den eigenen Bedeutungsverlust und die Modernisierung der Sozialmoral kämpfen, nationalkonservativen und völkischen Gruppen, die sich gegen den linken »Kulturbolschewismus« und die US-amerikanische Unterhaltungskultur wenden, der Reichswehr und der Rüstungsindustrie, die gegen den Pazifismus sind. Das dominierende kulturelle Klima ist konservativ, die Medienpolitik restriktiv auf Bewahrung und Verhinderung ausgerichtet. Die Justiz, die Polizei und die Verwaltung folgen in weiten Teilen noch immer den Vorstellungen des Obrigkeitsstaates und nicht denen einer liberalen Demokratie.

Das brutale Ende der Kommunikationsfreiheit

Dem Aufstieg des **Nationalsozialismus** und der Errichtung der nationalsozialistischen Diktatur verschafft diese Entwicklung eine günstige Ausgangslage. Öffentliche Kommunikation, ihre Kontrolle, Lenkung und Gestaltung durch Propaganda bilden neben dem Einsatz brachialer Gewalt die wesentlichen Grundlagen nationalsozialistischer Herrschaft. Mit der Notverordnung zum »Schutz von Volk und Staat« setzt unmittelbar nach dem Reichstagsbrand im Februar 1933 das Verbot von 235 kommunistischen, sozialistischen und sozialdemokratischen Zeitungen mit einer Auflage von 2 Millionen ein. Im März wird das von Joseph Goebbels geleitete Ministerium für »Volksaufklärung und Propaganda« errichtet, das die restriktive Medien- und Kulturpolitik koordiniert. Es wird auch zuständig für die staatliche Reichspressekonferenz, für die nur noch ausgewählte Medien und Journalisten akkreditiert werden. Alle anderen Blätter werden damit vom wichtigen Rohstoff der politischen Nachrichten abgeschnitten. Das »Schriftleitergesetz« schließt wenige Monate später alle jüdischen und marxistischen oder anderweitig politisch nicht genehmen Journalistinnen und Journalisten von der weiteren Berufstätigkeit aus; bis 1935 werden mindestens 1 300 jüdische und linke Journalisten entlassen. Die zu »Schriftleitern« umbenannten Redakteure sind publizistisch nicht mehr an die Weisungen ihrer Verleger gebunden, sondern an Partei und Staat. Ein persönliches Recht auf freie Meinungsäußerung wird nicht mehr gewährt, öffentliche Kritik an der Regierung ist ausgeschlossen. Rund 1 500 Verleger

werden faktisch enteignet, weil sie die neuen gesetzlichen Anforderungen der Reichskulturkammer nicht erfüllen. Eine
Reihe von Verordnungen, die angeblich die »Unabhängigkeit« der Presse sichern, »ungesunde Wettbewerbsverhältnis-
se« beenden oder die »Skandalpresse« beseitigen sollen, för-
dern die wirtschaftliche Konzentration der Presse stark. Vor
allem die vielen kleinen Tageszeitungsverlage können leicht
aufgekauft werden, alle anderen werden durch politischen
Druck »gleichgeschaltet«, jegliche Neugründungen verboten.
Der nationalsozialistische Eher-Verlag vereinigt am Ende der
Diktatur fast Dreiviertel der Gesamtauflage, bei Kriegsende
beherrscht die NSDAP 82 % der Gesamtauflage – 1933 waren
es nur 2,5 % gewesen.

In den ersten beiden Jahren arbeiten die Nazis vor allem
mit Verboten, Zensur und Verfolgung, später dann stärker
mit Kontrolle und vor allem mit Lenkung der Medien. Ein
wichtiges Instrument hierfür werden nach der Ausschal-
tung der oppositionellen Medien die über 100 000 Pressean-
weisungen, »Tagesparolen« und Sprachregelungen, mit denen den Redaktionen genau mitgeteilt wird, welche Themen
und Meinungen wie umfangreich berichtet werden müssen
und welche Dinge Tabu sind. Das Deutsche Nachrichtenbüro
(DNB) als einzige Nachrichtenagentur wirkt wie ein Zensor,
der auch alle Auslandsnachrichten filtert. Wesentliche Neuig-
keiten werden entweder gezielt verschwiegen oder es wird angewiesen, sie nicht zu veröffentlichen.

Auch der ohnehin staatsnah und zentralistisch organisierte Hörfunk wird nun vollständig verstaatlicht und durch
das Propagandaministerium anstelle der parlamentarischen
Rundfunkgremien kontrolliert. Direkt mit der Machterlan-
gung am 30. Januar 1933 nehmen die Nazis den Rundfunk in
Besitz, die ihn zentralisieren und vollständig dem Propagandaministerium von Goebbels unterstellen. Das Radio wird
neben dem Kinofilm zum wichtigsten Unterhaltungs- und
Propagandamedium der Nazis ausgebaut. Der Kinofilm wird

durch das Reichsfilmgesetz von 1933 und die Bildung eines quasi-staatlichen Konzerns auf der Basis der Ufa bis 1937 vollständig Goebbels unterstellt. Alle Drehbücher müssen eine Vorzensur passieren, der Rohschnitt der Filme wird vom Propagandaminister abgenommen, bevor gegebenenfalls eine Vorführungsgenehmigung erteilt wird. Der ausländische Film wird weitgehend ausgeschlossen und die Produktion deutscher Unterhaltungs- und Propagandafilme sowie der Wochenschauen staatlich finanziert.

Film, Theater, Literatur, Kunst und Wissenschaft – keinen Bereich des geistigen Lebens wandeln die Nationalsozialisten nicht in ihrem Sinne um, mit dem Ziel alle Lebensbereiche der Menschen wirklich total zu erfassen. Zentral für die Beherrschung der öffentlichen Kommunikation durch die Nationalsozialisten ist die öffentliche Rede, verstärkt durch Lautsprecher, Rundfunk und Film (Wochenschau), bei völligem Ausschluss jeglicher Form von Widerrede. Ihre Rhetorik setzt nicht auf rationale Argumente, sondern auf Emotionen und den »Rausch der Gemeinschaft«, inszeniert vor allem bei öffentlichen Massenveranstaltungen und -umzügen. Es wird also nicht nur die Medienfreiheit abgeschafft, auch die Redefreiheit und die Versammlungsfreiheit stehen unter Kontrolle. Die Teilnahme an Versammlungen, Umzügen, Schulungen und auch das Hören von Hitlerreden im Radio erfolgt keineswegs immer freiwillig, d.h. auch die negative Informationsfreiheit wird zwangsweise oder durch starken sozialen Druck ausgeschaltet. Agitation und Propaganda werden zwangsweise verabreicht. Die totale Kontrolle erstreckt sich auch auf die Literatur, das Theater, die Bildende Kunst und die Architektur. Eine Liste verbotener Bücher, öffentliche Bücherverbrennungen, die Kontrolle von Bibliotheken und Buchhandel sowie Museen sind Mittel der »Säuberung«.

Sogar die private Kommunikation ist nicht länger geschützt, sondern wird durch Spitzel und Denunzianten kontrolliert. Es versteht sich fast von selbst, dass nach dem deutschen Angriff auf Polen 1939 während des gesamten Zweiten Weltkriegs Nachrichtenkontrolle, Medienlenkung und Propaganda nochmals intensiviert werden. Systematisch und kompromisslos wie nie zuvor und danach wird die Kommunikationsfreiheit während des Nationalsozialismus eingeschränkt, um nicht zu sagen abgeschafft. Wer von ihr Gebrauch macht, um die Politik, das Regime oder die Ideologie der Nationalsozialisten zu kritisieren, muss mit Verfolgung, Inhaftierung, Folter und Ermordung rechnen. Nur wenige schaffen es rechtzeitig ins Exil, von wo aus sie versuchen weiter zu arbeiten; viele passen sich an oder verlegen sich auf vermeintlich unpolitische Themen.

Bereits einige Tage vor dem vorgetäuschten polnischen Überfall auf den »Sender Gleiwitz«, der den Beginn des **Zweiten Weltkriegs** beschreibt, führen die Nazis die Militärzensur ein. Berichte und Nachrichten der Wehrmacht müssen unverändert abgedruckt werden, die staatliche Nachrichtenagentur wird praktisch die einzige Quelle der Presse über das Kriegsgeschehen. Die Kriegspropaganda durchzieht alle Medien und die Stimmung der Bevölkerung wird durch den Sicherheitsdienst (SD) ausgekundschaftet. Neben der Meinungs- und Medienfreiheit wird damit auch die informationelle Selbstbestimmung eingeschränkt, die Informationsfreiheit wird unterbunden, weil das Hören von »Feindsendern« unter Strafe steht.

Hilfe zur Freiheit

Nach dem Sieg der Alliierten und der **Befreiung vom Nationalsozialismus 1945** beenden US-Amerikaner, Sowjets, Briten und Franzosen zunächst durch den sogenannten Black out alle deutschen Medienaktivitäten und beschlagnahmen alle Medienbetriebe. Zur Information der Deutschen und um in ihren Besatzungszonen stabile Verhältnisse herzustellen, betreiben sie selbst Hörfunkprogramme und Zeitungen in deutscher Sprache. Um ein Wiederaufflammen des Nationalsozialismus oder Widerstand gegen die Besatzung zu unterbinden, wird in der nächsten Phase nur ausgewählten Deutschen die journalistische Arbeit gestattet. In den Westzonen werden demokratischen Persönlichkeiten Lizenzen für die Presse erteilt, in der sowjetischen Zone gehen diese Erlaubnisse nur an Parteien und Massenorganisationen. Zunächst unterliegen alle Publikationen der Vorzensur durch die alliierten Militärregierungen. Zwischen September 1945 und März 1947 heben die Alliierten diese auf bzw. ersetzen sie durch eine Nachzensur. Nationalsozialistische Literatur bleibt verboten und wird zum Teil eingezogen, nazistischen Parteigängern wird der Zugang zu den Medien auch weiterhin verwehrt. Die Praxis der Zensur und der Zugangskontrolle soll der Reeducation, der Umerziehung der Deutschen zu aufrechten Demokraten dienen. Sie unterscheidet sich in den Zonen zunehmend: Von Beginn an relativ liberal handhaben Briten und Amerikaner die Zensur, ebenso die Sowjets, die allerdings den Kreis der Personen auf sozialistische und kommunistische Genossen beschränken und das Ziel in der Errichtung eines sozialistischen Staates sehen. Im Zuge des Kalten Krieges ab 1947 erhalten auch Mitläufer der Nazis, sofern sie denn antikommunistisch arbeiten, wieder Zugang zu den Medien im Westen. Mit der Erteilung der Generallizenz 1949 wird es in der Bundesrepublik wieder allen Menschen rechtlich möglich, öffentlich mithilfe der Medien zu kommunizieren. Für den Osten Deutschlands gilt dies erst seit der Wende 1989. Bis dahin gehen die beiden deutschen Staaten bekanntlich unterschiedliche Wege.

DDR: Medienlenkung und Überwachung

Die Regierungen der Deutschen Demokratischen Republik folgen dem leninistischen Leitbild »sozialistischer Pressefreiheit«, bei dem die Medien als Propagandisten, Agitatoren und Organisatoren dem Aufbau einer sozialistischen Gesellschaft dienen. Die Presse soll keine unabhängige Instanz der Kritik und Kontrolle sein, sondern die »schärfste Waffe der Partei« SED. In der ersten DDR-Verfassung (Art. 9) von 1949 werden das Recht auf freie Meinungsäußerung im Rahmen der allgemeinen Gesetze sowie die Versammlungsfreiheit gewährt, allerdings nur für DDR-Bürger und nicht als Menschenrecht. Die innere Pressefreiheit wird ähnlich wie in der Weimarer Republik und im Gegensatz zum Grundgesetz der Bundesrepublik garantiert. Ein ausdrückliches Verbot der Pressezensur ist ebenfalls Bestandteil, nicht jedoch die Freiheit der Berichterstattung und die Informationsfreiheit. In den Verfassungen von 1968 und 1974 (Art. 27) wird zwar die »Freiheit der Presse, des Rundfunks und des Fernsehens [...] gewährleistet«, aber das Zensurverbot gestrichen. Die individuelle Meinungsäußerung wird nicht durch die allgemeinen Gesetze beschränkt, sondern durch die »Grundsätze dieser Verfassung«. Zu diesen Grundsätzen zählt die Anerkennung der führenden Rolle der SED und des Prinzips des »demokratischen Zentralismus«. Das Strafgesetzbuch enthält eine Reihe von dehnbaren Paragraphen, die der Bekämpfung der freien Meinungsäußerung und der Verurteilung von Oppositionellen dienen: Staatsfeindliche Hetze (§ 116), ungesetzliche Verbindungsaufnahme (§ 229) sowie öffentliche Herabwürdigung (§ 220).

Die Presse der DDR ist im Besitz der Parteien und sozialistischen Massenorganisationen, die Lizenzpflicht und die staatliche Zuteilung von Papier- und Druckkapazitäten gilt bis 1990. Der Rundfunk ist im Staatsbesitz und unter Parteikontrolle; gleiches gilt für die einzige Nachrichtenagentur (ADN).

Niemand darf ohne staatliche Lizenz ein Medium gründen und aufgrund des Postmonopols für den Vertrieb frei verbreiten. Der Zugang zu ausländischen Medien ist bis Mitte der 1970er Jahre beschränkt, der freie Import von Westpresse bis 1989 verboten. Staat und Partei lenken das gesamte Mediensystem der DDR: Das Politbüro der SED und der Generalsekretär des ZK der SED (Walter Ulbricht, Erich Honecker, Egon Krenz) erlassen politische Richtlinien, die vom Sekretär des Politbüros (Joachim Hermann, später Günter Schabowski) durch die Abteilung Agitation für die Partei- und Massenorganisationspresse, den Rundfunk und ADN bzw. das Presseamt der Regierung für die Zeitungen der Blockparteien umzusetzen sind. Inhalt, Umfang und Platzierung der Zeitungsartikel, mitunter sogar der Wortlaut sind vorgegeben. Das Presseamt beim Ministerpräsidenten »erläutert« die Politik auf Pressekonferenzen, gibt wöchentliche »Presseinformationen«, »Argumentationshilfen« und Sprachregelungen heraus, mitunter auch sehr konkrete Berichterstattungsverbote.

Wer in der DDR Journalistin oder Journalist werden will, muss politisch systemtreu sein und die Ausbildungswege an der Fachschule für Journalistik oder der Sektion für Journalistik der Karl-Marx-Universität Leipzig absolvieren. Neben dem journalistischen Handwerk stehen dort auch umfangreiche ideologische Schulungen und »Wehrsport« auf dem Lehrplan. Die Staatssicherheit (Stasi) ist auch in den Redaktionen tätig und überwacht die tägliche Arbeit und bestimmte Personen.

Dieses System der Zugangskontrolle und Lenkung ermöglicht es dem Regime, auf Zensur der Medien weitgehend zu verzichten. Die Kirchenzeitungen und die Fernsehnachrichten »Aktuelle Kamera« bilden hier eine Ausnahme, denn Honecker und Hermann können eine Ausstrahlung auch kurzfristig noch verhindern. An die Stelle eine Nachzensur tritt die Personalpolitik, also die Entscheidung über beruflichen Auf- oder Abstieg.

Nicht nur Medienfreiheit und Informationsfreiheit unterliegen in der DDR weitreichenden Einschränkungen, auch das Recht auf individuelle Meinungsäußerung und das Recht auf informationelle Selbstbestimmung. Das ausgeprägte, vermutlich sogar krankhafte Kontrollbedürfnis der SED-Funktionäre führt zum Aufbau eines einzigartigen Kontrollapparates, des Ministeriums für Staatssicherheit. Mit über 91 000 offiziellen und rund 190 000 inoffiziellen Mitarbeitern wird die Bevölkerung flächendeckend geheimdienstlich überwacht, um Hinweise auf die tatsächlichen Meinungen der Menschen, ihre politischen Einstellungen und gegebenenfalls ihre Bereitschaft zur Opposition zu erhalten. Persönliche Gespräche und Treffen, Telefonate, Brief- und Paketpost, private Wohnungen, der Arbeitsplatz werden überwacht, abgehört. Das gesammelte Material wird archiviert, um es jederzeit gegen die Betroffenen zu verwenden, sie zur Mitarbeit bei der Stasi oder anderem zu erpressen oder ihnen einen politisch motivierten Strafprozess zu machen. Die Dimensionen der alltäglichen Überwachung gehen weit über das Maß hinaus, in dem in den liberalen Staaten polizeiliche Überwachung zur Kriminalitätsbekämpfung oder geheimdienstliche zum Staatsschutz unternommen werden. Täglich werden etwa 90 000 Briefe (ungefähr ein Viertel aller Briefsendungen) geprüft, es können 2 000 Telefonate gleichzeitig mitgeschnitten werden. Weil diese Stasi-Aktionen auch nach der Verfassung der DDR und den geltenden Gesetzen illegal sind, sollen sie geheim bleiben. Bürgerinnen und Bürger, die öffentlich abweichende Meinungen äußern, müssen hingegen mit strafrechtlicher Verfolgung rechnen. Man darf aber davon ausgehen, dass viele Bürger und Bürgerinnen der DDR von der Überwachung, wenn auch nicht von ihren enormen Ausmaßen, wissen und ihr Verhalten entsprechend anpassen. Genau das ist das Ziel von Staat und Partei.

BRD: Einschränkungen der Kommunikationsfreiheit

Auch im Westen verläuft die Entfaltung der im Grundgesetz garantierten Kommunikationsfreiheit keineswegs problemlos. Zum einen schränkt der Staat die Kommunikationsfreiheit mit der Begründung ein, die äußere und vor allem die innere Sicherheit seien gefährdet. Zum anderen sorgen die kapitalistische Presse- und Medienstruktur für grundlegende und anhaltende Einschränkungen der Kommunikationsfreiheit vor allem im Hinblick auf Vielfalt und Gleichheit der Freiheitsrechte.

Sicherheit: Staatsschutz und Terrorismusbekämpfung

In den 1950er Jahren werden die Sozialistische Reichspartei als Nachfolgepartei der NSDAP und die zum Teil aus Ost-Berlin gesteuerte Kommunistische Partei Deutschlands (KPD) durch das Bundesverfassungsgericht als verfassungsfeindlich verboten und damit auch deren Zeitungen und Zeitschriften.

Die Briten und Amerikaner hatten den Westdeutschen mit dem öffentlich-rechtlichen Modell einen staats- und vor allem regierungsunabhängigen Rundfunk beschert, mit dem – bis heute, wie die aktuellen Anfeindungen zeigen – nicht alle Deutschen etwas anfangen können. Auch der erste Bundeskanzler Konrad Adenauer (CDU) betrachtet den Rundfunk eher als ein Instrument der politischen Führung denn als eine unabhängige Instanz ihrer Kritik und Kontrolle. Seine Versuche, eine neue privatrechtliche, aber maßgeblich durch die Bunderegierung beeinflusste Fernsehanstalt zu gründen, scheitern 1961 am Bundesverfassungsgericht. Bis heute reißen aber die Versuche nicht ab, über die Aufsichtsgremien und die

Personalpolitik parteipolitischen Einfluss auf den öffentlich-rechtlichen Rundfunk zu nehmen.

Das Bundesverfassungsgericht (BVerfG) entwickelt sich zum vielleicht mächtigsten Vorkämpfer der Rundfunkfreiheit und der Kommunikationsfreiheit insgesamt. Neben einer ganzen Reihe von Urteilen, die den öffentlich-rechtlichen Rundfunk vor dem Zugriff der Politik sichern, gelten auch weitere Beschlüsse als Wegmarken:

- 1958 stellt das BVerfG im Lüth-Urteil fest, dass der Aufruf, die Filme des Nazi-Regisseurs Veit Harlan (»Jud Süß«) zu boykottieren, als freie Meinungsäußerung zulässig sei. Wichtiger als der konkrete Fall ist dabei, dass kommerzielle Interessen bzw. das Zivilrecht dem Grundrecht der Kommunikationsfreiheit unterzuordnen sind, weil die Kommunikationsfreiheit nicht nur eine negative Freiheit vom Staat ist, sondern ein positives Recht, dass der Staat auch durch das Zivilrecht zu schützen hat.

- 1966 bezeichnet das BVerfG im *Spiegel*-Urteil »eine freie Presse als ein Wesenselement des freiheitlichen Staates und der Demokratie« und als »Kontrollorgan«. Es betont die institutionelle Medienfreiheit und das subjektive Freiheitsrecht jedes einzelnen Presseangehörigen sowie das Redaktionsgeheimnis und den Quellenschutz. Der *Spiegel* hatte 1963 über Beschaffungsmängel bei der Bundeswehr berichtet, woraufhin der Verteidigungsminister Franz-Josef Strauß wegen Landesverrat die Redaktion durchsuchen und Redakteure verhaften ließ.

Weitere Beispiele zeigen, wie rasch demokratische Regierungen der Staatsicherheit (und ihren eigenen Interessen) den Vorrang vor der Kommunikationsfreiheit einräumen:

- Vor dem Hintergrund des Kalten Krieges werden der Postverkehr zwischen der DDR und der BRD überwacht und

100 Millionen Sendungen beschlagnahmt, geöffnet und Schriften vernichtet, die der kommunistischen Propaganda verdächtig sind. Bis 1961 gibt es hierfür keine gesetzliche Grundlage. Auch der deutsch-deutsche Telefon- und Telegrammverkehr wird überwacht. 1955 schließt die Bundesregierung einen Vertrag über die Truppenstationierung mit der NATO, in dem auch die weitere geheimdienstliche Zusammenarbeit geregelt ist. Die alliierten Geheimdienste dürfen den Telefon- und Postverkehr in Deutschland überwachen und auswerten, was den deutschen Geheimdiensten bis 1968 durch das Post- und Telekommunikationsgeheimnis in Art. 10 GG verboten ist. Faktisch teilen die westlichen Geheimdienste ihre Erkenntnisse mit den deutschen Behörden, die auf diesem Wege gezielt ihre gesetzlichen Kompetenzen überziehen. 1963 und 1964 enthüllen *Stern, Spiegel, Zeit* und das Fernsehmagazin Panorama, dass Schriftsteller wie Heinrich Böll, Journalisten wie Günter Wallraff und viele andere jahrelang im großen Maßstab abgehört wurden. Erst im Zuge der umstrittenen Notstandsgesetze wird 1968 auch das öffentlich kaum diskutierte G10-Gesetz (Gesetz zur Beschränkung des Brief-, Post- und Fernmeldegeheimnisses) beschlossen, dass eine Rechtsgrundlage für die Überwachungsmaßnahmen des Verfassungsschutzes bietet. Entscheidend dafür, wer warum abgehört und überwacht wird, ist alleine der Verfassungsschutz oder ein anderer Geheimdienst. Erst im Nachhinein kann eine Parlamentarische Kontrollkommission als vertraulich arbeitende Vertretung der Legislative dies kontrollieren, ist dabei aber auf die freiwillige Information der Nachrichtendienste angewiesen. Bis Ende der 1980er Jahre werden jedes Jahr etwa 300 Personen abgehört und rund 8 Millionen Postsendungen kontrolliert. 1989 enthüllt der *Spiegel,* dass die amerikanische NSA weiter im großen Stil den deutschen Telefonverkehr überwacht und die Ergebnisse wiederum mit den deutschen Diensten teilt.

Das ganze Ausmaß der globalen Kommunikationsüberwachung durch US- und britische Geheimdienste bringen dann erst 15 Jahre später die Enthüllungen des Whistleblowers Edward Snowden ans Licht.

- 1972 verabschieden Bund und Länder vor dem Hintergrund der Außerparlamentarischen Opposition (APO) und des Linksterrorismus der RAF den Radikalenerlass (»Extremistenbeschluss«), der die strengere Prüfung der Verfassungstreue aller Bewerberinnen und Bewerber für den öffentlichen Dienst (Behörden, Schulen, aber auch Post und Bahn) vorsieht. In den Jahren bis 1991 werden etwa 1,4 Millionen Fälle geprüft, um im Ergebnis rund 1 000 Einstellungen abzulehnen und 136 Beschäftigte zu entlassen. Die auch von SPD und FDP verantwortete Politik richtet sich vor allem gegen die nicht verbotene Deutsche Kommunistische Partei (DKP) und führt zu starken Protesten gegen die »Berufsverbote«. Zur Überprüfung der Verfassungskonformität beobachten und bespitzeln die Nachrichtendienste Millionen Bundesbürgerinnen und -bürger, schränken also ihre informationelle Selbstbestimmung ebenso ein wie die Freiheit der Meinungsäußerung. Auch die Jagd nach »Sympathisanten« der RAF, mit denen keineswegs nur Lieferanten von Tatwaffen gemeint waren, trägt durchaus repressive Züge. Dabei geht es auch um die polizeiliche Beschlagnahmung von Schriften und die Strafverfolgung von Personen, die aufgrund verschärfter Gesetze zur Gewaltverherrlichung und Befürwortung von Straftaten erfolgt.
- Die vermeintliche Nähe zum Linksterrorismus muss 1976 auch als Rechtfertigung für einen Lauschangriff des Bundesverfassungsschutzes auf den Atomkraftkritiker Klaus Traube herhalten. Der ehemalige Atomindustriemanager hat sich zum Gegner entwickelt, der über gute fachliche Argumente verfügt und damit eine Gefahr für die Atompolitik der sozialliberalen Bundesregierung werden kann.

Klaus Traube hat nichts mit der RAF zu tun, der verant-
wortliche Bundesinnenminister muss nach der Enthüllung
durch den *Spiegel* zurücktreten.

Mag man in den ersten Jahrzehnten der Bundesrepublik noch
von einem Selbstfindungsprozess der jungen Demokratie ausgehen, so lässt sich doch als Konstante festhalten: In Zeiten
tatsächlicher oder angeblicher Unsicherheit ertönt der populäre Ruf nach Verschärfung von Kontrollen. Sozialwissen-
schaftler sprechen von einer »Securitization«, einer »Ver-
sicherheitlichung« der Politik, denn Sicherheitsbehörden
neigen offenbar dazu, den Wert der Sicherheit über den der
Freiheit zu stellen. Was aus ihrer professionellen Perspektive
vielleicht nachvollziehbar ist, wirft die Frage auf, ob der Preis
der Sicherheit nicht in zu hohen Einschränkungen dessen besteht, was eigentlich geschützt werden soll: unsere Freiheit.
Die Praxis staatlicher Sicherheitsbehörden zeigt immer wieder, dass die Sorge um eine Verselbständigung und mangelnde Kontrolle der Exekutive durch das Parlament berechtigt ist.
Das Problem besteht in dem Paradox, dass wir kein rechtes
Vertrauen entwickeln können, wenn wir keine guten Gründe
für die Überwachung kennen; dass aber die Gründe angeblich
nicht genannt werden dürfen, ohne die Sicherheit zu gefähr-
den. Können Demokratie und Freiheit mit undemokratischen
und nicht-freiheitlichen Methoden geschützt werden?

- Vor allem nach den Anschlägen vom 11. September 2001
  werden auch in Deutschland die Sicherheitsgesetze verschärft, um salafistischen Gewalttaten vorzubeugen. Dabei geht es weniger um die freie Berichterstattung durch
  die Medien als um die Befugnisse staatlicher Behörden
  zur Überwachung der Privatsphäre, also das Recht der informationellen Selbstbestimmung. Das Bundesverfassungsgericht korrigiert einige eilig beschlossene Gesetze:
  2016 mahnt das BVerfG an, dem Bundeskriminalamt kei-

ne Blankovollmacht zum Abhören von privaten Telefonen
und Wohnungen sowie der Videoüberwachung und Verfolgung von Terrorverdächtigen zu geben. Vielmehr müsse wegen der Schwere der Eingriffe sorgfältiger die Verhält-
nismäßigkeit der Mittel geprüft und das aufgezeichnete
Material von einer unabhängigen Stelle vorgeprüft werden, um rein private oder intime Details zu löschen. Auch
der Datenaustausch mit anderen in- und ausländischen
Behörden ist nur gestattet, wenn es einen konkreten Er-
mittlungsansatz gibt. Es ist also nicht zulässig, beispielsweise alle Mitglieder einer Moscheegemeinschaft oder
gar alle Muslime in der »Hoffnung« zu überwachen, dass
sich darunter schon ein Täter finden werde. Im selben Jahr
schränkt das oberste Gericht auch die Möglichkeiten der
»Quellen-Telekommunikationsüberwachung« ein, also die
Erlaubnis mithilfe von Software unbemerkt die Festplatte
eines privaten PC zu durchsuchen oder die laufende Mail-
und Chatkommunikation aufzuzeichnen (»Staatstroja-
ner«). Bei diesen staatlichen Eingriffen in die informationelle Selbstbestimmung und damit in das Grundrecht der
Kommunikationsfreiheit geht es wohlgemerkt meist nicht
um die Aufklärung eines Verbrechens, sondern um eine
präventive Überwachung mit dem Ziel, eine Straftat oder
einen Terrorakt zu verhindern.

- Eine andere Art von Bedrohung, nämlich die durch das
Covid-19-Virus hat zu einer in der Bundesrepublik und
vielen anderen liberalen Gesellschaften noch nie dagewe-
senen massiven Einschränkung von Grundrechten geführt.
In der Corona-Krise ist auch die Kommunikationsfreiheit
ganz wesentlich davon betroffen: Ausgangsbeschränkun-
gen, Versammlungsverbote, Demonstrationsverbote, die
eingeschränkte Ausübung der Glaubens- und Bekennt-
nisfreiheit werden allerdings von weiten Teilen der Bevölkerung als vorübergehend notwendig akzeptiert, und sie
können auch öffentlich, in den Medien und auf der Stra-

ße kritisiert werden. Sicherlich sind nicht alle Maßnahmen verhältnismäßig, aber die Bereitschaft der meisten, »lieber auf Nummer sicher zu gehen«, zeigt, dass kaum jemand an die Absolutheit der (Kommunikations-)Freiheit glaubt.

Der zähe Kampf um die Kommunikationsfreiheit zeigt, wie stark der Gegensatz zwischen Macht und Freiheit ist und welch wichtige Rolle Kirche und vor allem Staat spielen. Die zahlreichen Rückschläge belegen, dass wir uns der einmal errungenen Kommunikationsfreiheit nicht zu sicher sein sollten und wie wichtig eine gute Verfassung sowie die Gewaltenteilung im Staat sind.

5. Schranken und Grenzen der Kommunikationsfreiheit

Absolute Freiheit erscheint auf den ersten Blick als erstrebenswertes Ideal, und jede Einschränkung gilt als verwerfliche Zensur. Doch der zweite Blick, der in diesem Kapitel versucht wird, ergibt ein facettenreicheres Bild. Es geht um gute und um schlechte Gründe für Einschränkungen der Kommunikationsfreiheit, aber auch um den Unterschied zwischen Zensur und anderen Begrenzungen der Kommunikation.

Schranken und Grenzen der Kommunikationsfreiheit

Untrennbar mit Freiheit verbunden ist Verantwortung: Nur wer sich frei entscheidet, ist für sein Handeln verantwortlich, aber wer sich frei entschieden hat, trägt dann eben auch die Verantwortung für die Wirkungen und Folgen dessen, was er gesagt oder sonstwie geäußert hat. Keine Freiheit ist also in dem Sinne absolut und unbegrenzt, denn es gibt Grenzen dessen, was man noch verantworten, also moralisch mit gutem Gewissen vertreten kann. Die Freiheit, alles zu sagen, bedeutet nicht, dass alles gesagt werden soll. Das Ideal besteht darin, klugen Gebrauch von der Kommunikationsfreiheit zu machen, um Verständigung zu erzielen. Hetze und Hassrede

(Hate Speech) zählen sicherlich nicht dazu. Der Gebrauch der Kommunikationsfreiheit gerät rasch in Konflikt mit anderen natürlichen Menschenrechten und der grundlegenden, unantastbaren Würde des Menschen. Juristen sprechen von Kollision, also dem Aufeinanderprallen verschiedener Grundrechte. Ein paar Beispiele sollen hier genügen: Wenn öffentlich der Verdacht oder sogar die Beschuldigung erhoben wird, dass eine Person jemand anderen umgebracht hat, kann diese »Meinungsäußerung« im Extremfall zu Selbstjustiz und Lynchmobs führen. Wenn jemand Juden, Musliminnen, farbige Menschen oder welche Gruppe von Menschen auch immer pauschal als »minderwertig«, »Ungeziefer«, »Schädling« oder gar »als unwertes Leben« bezeichnet, trägt er oder sie die (Mit-)Verantwortung für rassistische oder andere Formen der Diskriminierung und Benachteiligung, bis hin zu Verfolgung und Ermordung. Wer den Nationalsozialismus zu einem »Vogelschiss« in der angeblich ruhmreichen deutschen Geschichte erklärt oder gleich den gesamten Holocaust leugnet, trägt nicht nur Verantwortung dafür, dass Neonazis sich wieder salonfähig und bestärkt fühlen, sondern auch dafür, dass die Gefahr für erneute antisemitische Gewalt wächst.

Natürlich kann man nur in Ausnahmefällen nachweisen, dass genau diese eine Äußerung zu genau jener Straftat geführt hat oder gar wie hoch der Prozentanteil der verursachten schädlichen Folgen genau ist. Aber die Verantwortung bemisst sich nicht alleine an den tatsächlichen Folgen, sondern auch an den möglichen Folgen, den heraufbeschworenen Gefahren. Die von John Austin und John Searle begründete Sprechakttheorie verdeutlicht, wie schwach das oft vorgebrachte Argument ist, es ginge doch bei Beleidigungen und Herabsetzungen nur um Worte, und nicht um Taten. Mit Sprache und Kommunikation können wir durchaus auf die soziale Welt einwirken, wir können bitten und befehlen, wir können jemandem unsere Liebe erklären oder die Trennung herbeiführen. Amtspersonen können uns äußerst wirksam

»zu Mann und Frau«, für befördert oder degradiert, zum Sieger oder für tot erklären. Wir tun Dinge mit Worten, wir »reden nicht nur«. Und das gilt auch für Beleidigungen, Schmähungen, Verleumdungen und viele andere Sprechakte, die bei den Betroffenen sehr reale Wirkungen hervorrufen, starke Gefühle, unter Umständen sogar Depressionen bis hin zum Suizid. Dass Worte online und »nur virtuell« geäußert werden, ändert nur sehr wenig an ihrer realen Macht: Wie sich empirisch nachweisen lässt, fühlen sich die betroffenen Menschen wirklich beleidigt, diffamiert, ausgegrenzt oder bedroht.

Im ersten Beispiel für die möglicherweise verhängnisvollen Wirkungen einer Verdächtigung, die zur Lynchjustiz führt, habe ich den Begriff »Meinungsäußerung« in Anführungszeichen gesetzt. Bei näherer Betrachtung stellt sich nämlich heraus, dass es sich gar nicht um eine Meinung handelt, sondern um eine Tatsachenbehauptung. Meinungen können als gedankliches Urteil oder Bewertung von Ereignissen, Tatsachen oder Personen verstanden werden, die immer stark auf persönlichen Überzeugungen, Werten oder ästhetischem Empfinden beruhen. Anders verhält es sich mit Tatsachenbehauptungen. Hier kann man nämlich herausfinden, ob eine Äußerung wahr oder falsch ist, auch wenn das nicht immer leicht ist und so schnell geht, wie man möchte. Im Beispielfall braucht es dazu professionelle Kriminalisten und ein unabhängiges Gericht. Auch die Behauptung, der Holocaust oder die Mondlandung hätten nie stattgefunden, die Erde sei eine Scheibe oder Mossad und CIA würden uns mithilfe von als Kondensstreifen getarntem Giftgas manipulieren, sind keine Meinungen. Es handelt sich um erwiesenermaßen falsche Tatsachenbehauptungen. Werden sie bewusst geäußert, handelt es sich schlichtweg um Lügen. Falsche Tatsachenbehauptungen stellen keine Meinungsäußerung dar, die geschützt werden muss. Es spricht nichts dagegen, dass ihre Urheber zur Verantwortung gezogen werden – aber nicht durch eine Vorzensur, sondern mit rechtsstaatlichen Mitteln, wenn die Unwahrheit erwiesen wurde.

Die Sprechakttheorie hilft also dabei, wichtige Unterschiede zu erkennen. Trotzdem bleibt die Lage kompliziert, wie die Aussage »Gott hat den Menschen erschaffen« zeigt. Als wissenschaftliche Tatsache betrachtet ist die Aussage unwahr, absichtlich geäußert folglich eine Lüge. Sie ist aber ein zentraler Bestandteil des (christlichen) Glaubens, der zumindest pro forma noch von mindestens einem guten Drittel der Deutschen geteilt wird. Sollen das öffentliche Äußern und das Bekennen zu dieser »Glaubenswahrheit« etwa nicht durch die Meinungsfreiheit gedeckt sein? Das würde bedeuten, dass wir die Religions- und Glaubensfreiheit nicht mehr als Teil der Meinungsfreiheit akzeptieren, so wie das jahrhundertelang die christlichen Kirchen in Europa zum Teil brutal praktiziert haben und so wie es die meisten islamischen Staaten bis heute tun.

Nicht immer sind Tatsachenbehauptungen und Meinungsäußerungen säuberlich voneinander getrennt: Bei der Suche nach Argumenten für unsere Meinung, nennen wir oft Fakten – oder zumindest unsere Sichtweise dieser Tatsachen. Und umgekehrt fällt es gar nicht so leicht, einen Sachverhalt so »objektiv« zu beschreiben, dass unsere individuelle bzw. subjektive Sichtweise gar keine Rolle spielt. Auch Tatsachenbehauptungen, die möglicherweise unwahr sind oder schlichtweg irrtümlich erfolgen, genießen deshalb einen gewissen Schutz und werden nicht vorab zensiert.

Wir müssen also noch genauer unterscheiden, auf was sich die Behauptungen beziehen, welche Geltung sie beanspruchen. Das Leugnen von Holocaust, Mondlandung oder Kugelgestalt der Erde widerspricht wissenschaftlichem Wissen mit einem hohen Gewissheitsgrad und führt zu unhaltbaren Widersprüchen zur beobachtbaren Realität. Der Glaube an die biblische Schöpfungsgeschichte gehört aus denselben Gründen auch nicht ins Biologielehrbuch, wohl aber in ein re-

ligionswissenschaftliches und selbstverständlich in ein theo-
logisches. Dort wird dieser Glaube entweder geistesgeschicht-
lich vergleichend eingeordnet oder er wird theologisch
interpretiert. Dabei haben sich die großen christlichen Kirchen längst dem wissenschaftlichen Fortschritt soweit ge-
beugt, dass sie statt einem wortgetreuen Verständnis eher ab-
straktere Interpretationen predigen.

Wie sind also die Grenzen der Kommunikationsfreiheit zu
bestimmen, damit wir nicht nur frei, sondern verantwortlich
kommunizieren? Die wenigen Beispiele und Erörterungen haben gezeigt, dass es immer auf den Fall und die näheren Um-
stände ankommt, endgültige und eindeutige Antworten also
kaum möglich sind. Man muss immer wieder zwischen der
Kommunikationsfreiheit und anderen ebenfalls hochrangigen
Freiheiten sowie der Menschenwürde abwägen. Dieselbe Äußerung kann sogar exakt in derselben Formulierung, je nachdem, wer sie wann und in welchem Kontext zu wem äußert,
unterschiedlich bewertet werden. Dieser Bewertungsprozess
kann sich im Laufe der Geschichte ändern, er führt je nach
kulturellem Hintergrund zu unterschiedlichen Ergebnissen.

In liberalen Rechtsstaaten wie der Bundesrepublik
Deutschland versucht man, den schwierigen Prozess der Ein-
ordnung und Abwägung überprüfbar zu gestalten. Während
in der deutschen Geschichte alle möglichen Gründe und Vor-
wände angeführt wurden, um die Presse- und Kommunikationsfreiheit insgesamt einzuschränken, wollte man nach 1945
hier mehr Rechtssicherheit und Freiheit von staatlichen Eingriffen. Im Grundgesetz wird deshalb zum einen die Zensur,
verstanden als staatliche Kontrolle und Korrektur vor einer
Veröffentlichung, ausgeschlossen. Zum anderen werden drei
legitime Gründe für Einschränkungen der Kommunikationsfreiheit umrissen:

- Die **persönliche Ehre** eine jeden Menschen ist Teil der
  Menschenwürde, die eben nicht durch Beleidigungen,

Schmähungen, Herabsetzungen, Hetze oder Verleumdungen angetastet werden darf. Das Strafgesetzbuch enthält eine ganze Reihe von Paragraphen, die Tatbestände und Strafmaße genauer bestimmen. Im Bürgerlichen Gesetzbuch, dem Presserecht bzw. durch die Rechtsprechung wird geregelt, ob bei Verletzungen der persönlichen Ehre auch Gegendarstellung, Schadenersatz, Schmerzensgeld oder eine andere Form der Wiedergutmachung fällig werden. Zur persönlichen Ehre zählt auch der Schutz der Intim- und Privatsphäre, also das Recht auf informationelle Selbstbestimmung als Teil der Kommunikationsfreiheit. In der Praxis geht es meist um zweifelhafte Fotos von prominenten Zeitgenossen.

- Der **Schutz von Kindern und Jugendlichen** vor den möglicherweise schädlichen Wirkungen von Medieninhalten, vor allem in Bezug auf Gewalt, Sexualität und Diskriminierung, kann sich ebenfalls auf die menschliche Würde berufen. Schließlich geht es hier um die freie Entfaltung und Entwicklung von jungen, leichter angreifbaren Menschen zu reifen Persönlichkeiten. Allerdings kann mit dem Argument nicht alles verboten werden, was irgendeinem Moralapostel oder einer selbsternannten Tugendwächterin nicht gefällt: Es bedarf der gesetzlichen Grundlage, also eines demokratischen Beschlusses darüber, was die Jugend gefährdet. Die Bewertung, welche konkreten Medieninhalte nun schädlich für Kinder und Jugendliche sind, liegt nicht alleine bei staatlichen Behörden, sondern in weiten Teilen bei sachkundigen Selbstkontrolleinrichtungen. Am bekanntesten dürfte die Freiwillige Selbstkontrolle für den Film (FSK) mit ihren Altersfreigaben sein, aber auch für die Onlinemedien (fsm), die Computerspiele (usk) und das Fernsehen (FSF) gibt es solche Einrichtungen. Staatliche Behörden wie die Bundesprüfstelle für jugendgefährdende Medien (https://www.bundespruefstelle.de/bpjm) oder Jugendschutz.net stellen nur einen Baustein dar. Auf gesetzlicher Grundlage können Medieninhalte nach der Publikation als jugendgefährdend bewertet (»indiziert«) werden, um ihre weitere Verbreitung an Jugendliche zu unterbinden. Auch hier findet keine Vorzensur statt, und die Medien werden auch nicht vollständig verboten, solange sie nicht gegen allgemeine Gesetze verstoßen.

- Die **allgemeinen Gesetze** regeln für alle Menschen, was verboten und was erlaubt ist. Wer seine Meinung frei äußert und verbreitet, steht nicht über dem Gesetz. Auch Journalistinnen dürfen nicht stehlen, betrügen, erpressen oder Gewalt anwenden, zum Beispiel um an Informationen zu kommen. Das Grundgesetz besagt damit aber vor allem, dass der Staat keine Gesetze erlassen darf, die als »spezielle Gesetze« die Tätigkeit der Presse einschränken. Er darf, anders als es zum Beispiel im Nationalsozialismus der Fall war, nicht einfach ganze Medien verbieten oder bestimmten Menschengruppen den journalistischen Beruf verbieten. Es werden, ganz ähnlich wie in den USA mit dem ersten Verfassungszusatz, dem Staat Schranken dabei auferlegt, der Pressefreiheit Grenzen zu setzen. Die allgemeinen Gesetze richten sich nicht gegen bestimmte Meinungen oder schützen andere, es geht hier um andere Rechtsgüter. Die Paragraphen 84 bis 91 des Strafgesetzbuches behandeln Propagandadelikte, Aufrufe zur Gewalt, Terrorismusfinanzierung und den Schutz der Staatsorgane. Interessant ist auch die gesetzliche Regelung der Gotteslästerung, die in Deutschland nur dann strafbar ist, wenn hieraus eine »Störung des öffentlichen Friedens« folgen könnte. Es geht also letztlich um die Verhinderung von Gewalt und nicht darum, ob die religiösen Überzeugungen von Mitbürgerinnen verletzt werden oder nicht. Alle diese kommunikationsrelevanten und freiheitsbeschränkenden Bestimmungen gelten nicht nur für den Journalismus und die Medien, sondern für alle Bürger bzw. die gesamte Kommunikation in Deutschland.

Allerdings kommt es immer wieder zu Konflikten bei der Frage, ab wann Medien mit ihrer Berichterstattung gegen die Paragraphen des Staatsschutzes verstoßen und beispielsweise durch eine Veröffentlichung Hochverrat begehen oder verbotene Werbung für eine terroristische Vereinigung betreiben.

Fassen wir kurz zusammen: Der Gebrauch der Kommunikationsfreiheit zieht eine Verantwortung für das Gesagte nach sich; Kommunikationsfreiheit gilt nicht absolut, sondern wird zu Recht durch andere schützenswerte Grundrechte begrenzt.

Was ist Zensur – und was nicht?

Der Streit um die Zensur fängt beim Begriff an. Dem römischen Ursprung (»Censura«) nach geht es um die Prüfung und Bewertung von Kommunikation, die nicht zwingend mit einem vollständigen Verbot enden muss. In Deutschland vertreten die Juristen meist ein enges Verständnis. wonach Zensur nur die staatliche Vorzensur bezeichnet. Auch das Zensurverbot des Grundgesetzes richtet sich im Sinne einer negativen Pressefreiheit gegen staatliche Eingriffe vor der Publikation von Medieninhalten. Das staatliche Wirken wird ganz im Sinne des Rechtsstaates auf die Verfolgung von Verstößen gegen allgemeine Gesetze beschränkt, die erst nach der Veröffentlichung einsetzen kann (Nachzensur). Gegen diese Maßnahmen können die Betroffenen vor ordentlichen Gerichten klagen, und sie tun das oftmals mit Erfolg. Das bedeutet aber, dass Maßnahmen von nicht staatlichen Institutionen wie den Kirchen oder den Besitzern der Medienunternehmen keine Zensur darstellen, auch wenn damit wirksam die Veröffentlichung und Verbreitung von Meinungen verhindert wird. Deshalb vertreten manche Wissenschaftler auch den weiten Begriff »materielle Zensur«. Gemeint sind damit alle planmäßig organisierten und auf Dauer angelegten Maßnahmen und Einrichtungen, die überwachen, bewerten und gegebenenfalls auch verändern und einschränken, was öffentlich geäußert wird.

Es fällt auf, dass praktisch zu allen Zeiten und in allen Gesellschaften Zensur begründet werden musste. Die Zensoren waren sich also durchaus darüber im Klaren, dass sie die Freiheitsrechte anderer beschnitten und dass dies einer besonderen Rechtfertigung bedarf. Der Kommunikationswissenschaftler Stephan Buchloh hat fünf Motive herausgearbeitet, die hinter Zensur standen und stehen:

- **Gefahrenabwehr:** Die Annahme ist hier, dass eine Veröffentlichung eine Gefahr für das Seelenheil des Publikums verursachen würde, weil weltanschauliche, ideologische oder religiöse Glaubenswahrheiten angezweifelt würden. Oder die Gefahr wird darin gesehen, dass die sexual- und sozialmoralische Ordnung und damit das friedliche Zusammenleben bzw. die öffentliche Ordnung vor allem durch Sexualitäts- und Gewaltdarstellungen ins Wanken gerieten. Auch äußere Gefahren durch politische Feinde (Staatsschutz) und militärische Gegner (Militärzensur) werden zur Legitimation herangezogen, und in den letzten Jahren verstärkt die terroristische Bedrohung (Terrorabwehr). Eine ungehinderte Berichterstattung und das Gewähren völliger Informationsfreiheit sowie informationeller Selbstbestimmung (Datenschutz) könnten zu Unterstützung, Rekrutierung und Radikalisierung von möglichen Tätern führen. Der Schutz der Menschen vor sich selbst wird als weiterer Grund genannt: Das Verbot von Werbung für gesundheitsschädliche Produkte oder die Berichterstattung über Freitode, die zu Nachahmung verleiten, sind Beispiele hierfür.
  Hinter diesen Motiven und Rechtfertigungen steckt ent-

weder der blanke Zynismus der Macht, weil die Zensoren selbst gar nicht an die Schutzbedürftigkeit oder -würdigkeit glauben. Oder es steht ein Menschenbild hinter der Logik der Gefahrenabwehr, das aus kommunikationswissenschaftlicher Sicht genauso fragwürdig ist wie aus ethischer: Es wird unterstellt, dass Medien sehr stark in eindeutig bestimmter Richtung und auf alle Menschen gleichartig wirken, als ob es sich um eine leicht manipulierbare Masse handele. In der empirischen Medienwirkungsforschung finden sich für diese Annahme keine Belege, wir können sie daher getrost als falsch betrachten. Erst der freie Zugang zu Informationen ermöglicht es den Menschen, sich ein eigenes Urteil zu bilden. Das Anliegen der Zensur, Informationen vorzuenthalten und die Menschen zu bevormunden, stellt hingegen einen Manipulationsversuch dar, der zwar zumindest auf Dauer nicht gelingen kann, aber unter ganz unterschiedlichen konfessionellen und politischen Vorzeichen stattfindet. Gemeinsam ist dabei allen Zensoren, dass sie glauben oder behaupten, besser zu wissen, was schädlich für die anderen sein könnte. In der Kommunikationswissenschaft nennt man das den Third-Person-Effect: Wer glaubt, dass er selbst nicht anfällig für Pornographie, Gewaltdarstellung, extreme politische Medieninhalte ist, sondern nur »Dritte«, unterliegt oft einem Irrtum. Er oder sie hält sich für »schlauer«, »hat den Durchblick«, während (alle) anderen auf die bösartigen Medien »hereinfallen« und deshalb vor dem Schaden beschützt werden müssen.

Geschützt werden sollen und müssen die »einfachen« Menschen nach elitären Vorstellung aber auch vor sachlichen bzw. fachlichen Fehlern, stilistischen Schwächen oder unvernünftige Darstellungen (Aberglaube, »Schwärmerei«), die sie selber angeblich nicht erkennen können. Präventiv- oder Vorzensur wurde als Bildungspolitik, Fach- und Literaturkritik oder als Volkserziehung ausgegeben.

- **Intoleranz:** Mitunter eng mit der Logik der Gefahrenabwehr verwandt ist die Haltung, alles was man selbst nicht
für richtig hält, was nicht den eigenen Werten oder dem
persönlichen Geschmack entspricht, nicht zu dulden. Für
Intolerante reicht es nicht aus, begründete Kritik zu üben
oder seine Abneigung im Rahmen der Meinungsfreiheit zu
artikulieren. Nur das absolute Verbot wird ihrer Haltung
gerecht.
- **Wirtschaftsinteressen:** Weniger willkürlich und insofern
rationaler sind wirtschaftliche Motive für eine Zensur, die
zum Beispiel lästige in- oder ausländische Konkurrenz
vom Markt fernhält. Wenn ein Staat oder eine Staaten-
gemeinschaft aus solch protektionistischen Gründen handelt, kann man von Zensur sprechen. Wirtschaftliche
Motive können aber auch auf andere Art die Kommunikationsfreiheit einschränken: Verlage, Rundfunk- und On-
lineanbieter, die einen großen Teil ihrer Erlöse auf dem
Werbemarkt erzielen, können geneigt sein, kritische Berichterstattung zu unterbinden. Sie schränken dann die
Innere Pressefreiheit ein oder schaffen ein Klima, in dem
Journalistinnen und Journalisten »von sich aus« bereits auf
solche Recherchen verzichten. Solche Mechanismen werden oft als »Selbstzensur« bezeichnet, was allerdings den
Zensurbegriff und die Verantwortung (die hier weder beim
Staat noch wirklich bei den Einzelnen liegt) verschwimmen lässt. Auch die politische und die kirchliche Zensur
nutzen meist wirtschaftlichen Druck, denn es ist gerade
die Willkürlichkeit und Unkalkulierbarkeit von Verboten,
die das Risiko steigert, ein Medienprodukt überhaupt verkaufen zu können. Um nicht auf unverkäuflichen Medien
sitzen zu bleiben, greifen dann manche zur vorauseilenden
»Selbstzensur«. Wirtschaftliche Interessen haben andererseits auch den Kampf gegen die Zensur und für Rechtssicherheit befördert. Denn Verlage, die Geld investieren
und Profit erwirtschaften möchten, wollen nicht nur vor-

her klar wissen, was erlaubt und verkäuflich ist, sondern am liebsten auch alle Zielgruppen bedienen sowie die Kosten für interne Kontrollen reduzieren.

- **Symbolische Politik:** Der Staat kann bestimmte Inhalte zensieren, obwohl eine Veröffentlichung und Verbreitung sich damit absehbar nicht verhindern lässt. Die Wirkung einer solchen Zensur ist symbolisch, denn es wird signalisiert, dass der Staat ein Problem erkannt hat und – scheinbar – bekämpft. Hier geht es vor allem um Imagepflege von Politikern, Parteien oder Regimen; allerdings kann der Preis hierfür recht hoch sein. Symbolische Politik betreiben nicht nur die Staatsgewalten, sondern auch private Wirtschaftsunternehmen und Organisationen oder Interessengruppen. Auch sie können intern bestimmte Aussagen, z. B. für ihre Öffentlichkeitsarbeit oder Werbung untersagen und ihren Mitarbeiterinnen verbieten. Eine Zensur im eigentlichen Sinne ist das nicht, eine präventiv wirksame Einschränkung der Kommunikationsfreiheit allerdings sehr wohl.

- **Ablenkung von Missständen:** Stärker noch als im Falle der symbolischen Politik kann Zensur auch zur Ablenkung von den tatsächlichen politischen oder sozialen Problemen eingesetzt werden, wenn deren journalistische Offenlegung und Thematisierung verboten wird. Die Zensur trifft dann die Überbringer schlechter Botschaften, statt den eigentlichen Missstand zu bekämpfen oder zu beenden. Die Informanten oder Whistleblower, die Alarm schlagen, werden dann als Denunzianten, Verräter oder doch zumindest als Nestbeschmutzer gebrandmarkt und verfolgt. Ihre Kommunikationsfreiheit wird vom Staat (Zensur) oder anderen, die für die Missstände verantwortlich sind, eingeschränkt.

Bei allen fünf Motiven und Rechtfertigungsansätzen für Zensur oder nicht staatliche Einschränkungen der Kommunikationsfreiheit geht es um Machtfragen, während die Rechtfertigungen vorgeschoben werden. Vielfach wird Zensur zum Machterhalt, also konservativ zur Bewahrung der herrschenden Ordnung und der Stabilisierung der jeweiligen politischen Regime eingesetzt. Wer die Macht im Staate bereits hat, verfügt über die Mittel, eine vergleichsweise wirksame Zensur durchzusetzen. In den nicht säkularisierten Staaten des »christlichen europäischen Abendlandes« wie in fast allen muslimischen Staaten gehören Kirchen oder Religionsführer zu den konservativen Mächten, die häufig Zensur einsetzen, und dies oft gemeinsam mit dem Staat wie beispielsweise im Iran. Sie richten ihre Zensur gegen alle religiösen Abweichler und politischen Reformer. Zensur muss aber nicht immer ein Mittel konservativer Politik sein, auch revolutionäre Bewegungen setzen Zensur als Mittel der Kontrolle und im Kampf um eine geistige Vorherrschaft (Hegemonie) ein. Sie verbieten und verbrennen im Namen von Aufklärung und Fortschritt Werke des »abergläubischen Mittelalters«, des »Ancien Régime« oder der »überwundenen bürgerlichen Klassengesellschaft«. Es soll »Platz geschaffen« werden für das Neue, Bessere, (einzig) Wahre.

Zensur kennt zahlreiche Mittel, um die Kommunikationsfreiheit einzuschränken: Das teilweise oder vollständige Verbot von Niederschrift, Druck, Aufzeichnung, Vertrieb (Verteilung, Ausstrahlung, Online-Hosting), öffentlicher Aufführung und Ausstellung, privatem Besitz, ja bloßer Nennung von Medien (oder nur Titeln), Autoren und Werken aller Art. Überwachen lassen sich solche Verbote durch polizeiliche Maßnahmen und, wie nicht zuletzt die deutsche Geschichte zeigt, mit einem System von Spitzeln und Denunzianten. Die Strafen reichen von Beschlagnahmung und Vernichtung der Werke über Geld- und Haftstrafen und sogar Folter der Verfasserinnen und Verfasser bis hin zur Hinrichtung oder anderen Formen des politischen Mords. Durch den Staat verfügte Sondersteuern, Zwangsabgaben (Konzessionen) und Lizenzpflichten oder das gezielte Vorenthalten von Privilegien (vereinfacht ausgedrückt: der Erlaubnis mit Werbung Geld zu verdienen), Subventionen, Anzeigenaufträgen, Informationen zählen ebenso zu den Praktiken der Zensur. Auch der Ausschluss aus dem Kreis der religiösen Gemeinschaft (mit der passenden Bezeichnung: Exkommunikation) oder gar der Staatsbürgerschaft, wie es die Nationalsozialisten mit den jüdischen Deutschen ab 1934 praktizierten, machen Zensur zur schwerwiegenden Bedrohung der Kommunikationsfreiheit.

Die Zensur der Medien kommt selten alleine, meist kreuzt sie in Gesellschaft einer ebenso hässlichen Schwester auf: der Propaganda. Beide besitzen die gleiche Mutter, nämlich die katholische Kirche, und den gleichen Vater Staat. Und leider pflanzt sich diese unheilige Familie bis heute äußerst fruchtbar fort, benutzt die neuesten Medien und zeugt immer weitere Formen der Unfreiheit von Kommunikation.

Wie erfolgreich ist Zensur?

Der Rückblick auf die Geschichte der Zensur in Kapitel 4 hat gezeigt, dass sich mit der Kontrolle der Meinungsäußerung zwar durchaus Schaden anrichten lässt, dass aber die Ziele der Zensoren auf Dauer nicht erreicht werden. Im Sinne von Abraham Lincoln könnte man die Erfahrungen mit Zensur auch so zusammenfassen: »Man kann einige Menschen die ganze Zeit und alle Menschen eine Zeitlang zum Narren halten, aber man kann nicht alle Menschen die ganze Zeit zum Narren halten.« Gedanken, Glauben und Meinungen lassen sich nicht vollständig verbieten, ihre Verbreitung und Entwicklung können vorübergehend behindert und schmerzhaft verzögert werden. Die gesellschaftlichen Vorstellungen, politischen Überzeugungen, unsere Moral und die Sitten unterliegen einem Wandel, der sich in der Kommunikation spiegelt. Wer sich heute ansieht, was noch vor wenigen Jahrzehnten als jugendgefährdend galt, kann darüber nur den Kopf schütteln oder schmunzeln. Ähnlich aus der Zeit gefallen und mitunter skurril wirken auch Anlässe und Maßnahmen der politischen Zensur und Medienlenkung. In der DDR gab es beispielsweise die Anweisung an das ohnehin staatlich kontrollierte Fernsehen, kein »Protokollobst« im Bild zu zeigen. Gemeint waren die zu Dekorationszwecken bei Empfängen aufgestellten Obstkörbe, die auch für DDR-Bürger schwer erhältliche Bananen und »Südfrüchte« enthielten. Wir dürfen (und müssen) davon ausgehen, dass auch Darstellungen, die wir heute aus der Öffentlichkeit verbannen, in ein oder zwei Jahrzehnten niemanden mehr stören werden. Vielleicht werden stattdessen neue Tabus errichtet.

Der Erfolg von Zensur wird erschwert durch die Vielzahl der Verbreitungswege und Informationszugänge. Die Klein- und Kleinststaaten des Deutschen Reiches führten zu einem Flickenteppich der Kommunikationskontrolle. Bücher, die an einem Ort verboten waren, konnten im nächsten Staat nur wenige Kilometer entfernt problemlos gekauft und gelesen werden. Die internationale Verbreitung von Hörfunk, Fernsehen und vor allem die globale Vernetzung der Onlinemedien machen es den Staaten schwer, wenn auch nicht unmöglich, Zensur wirklich umfassend durchzusetzen. Verzeichnisse verbotener Medien können zudem auch den Effekt haben, dass sie die Aufmerksamkeit erst recht auf die verbotenen Inhalte lenken, die ansonsten vielleicht unbemerkt geblieben wären. Dies wird auch als Streisand-Effekt bezeichnet, denn die US-Schauspielerin Barbara Streisand, die Luftaufnahmen ihrer Villa verbieten lassen wollte, hat die Öffentlichkeit durch diesen Versuch erst auf diese Fotos im Netz hingewiesen und damit ihrer Privatsphäre einen Bärendienst erwiesen.

Was ist keine Zensur?

Der Vorwurf »Zensur!« wird in den letzten Jahren wieder häufiger erhoben. Meist geht es dabei aber nicht um das Eingreifen staatlicher Behörden und auch nicht um eine Vorzensur, die das Grundgesetz verbietet. Zutreffend an den Klagen könnte sein, dass es tatsächlich – mehr oder weniger – systematische und institutionalisierte Formen der Einschränkung von Kommunikationsfreiheit gibt; wenig hilfreich scheint es aber dafür denselben Begriff zu verwenden, der historisch und juristisch etwas anderes meint. Nicht jede journalistische oder sonstige Auswahl von Nachrichten oder Themen und nicht jede Beschränkung der Kommunikationsfreiheit ist gleich Zensur. Der inflationäre Gebrauch des Vorwurfs verwischt die Unterschiede zu den Fällen, die wir in vielen Staaten der Erde beobachten können, in denen die Opfer staatlicher Zensur ins Gefängnis wandern und in denen über Kommunikationsbeschränkungen noch nicht einmal öffentlich gesprochen werden darf. Aus kommunikationswissenschaftlicher Sicht muss man genauer hinsehen, um besser zu verstehen, welche neue Formen der Behinderung und Einschränkung und welche neuen Feinde freier Kommunikation es gibt. Wir sollten alle möglichen Einschränkungen der Kommunikationsfreiheit so ernst nehmen, dass wir sie genau unterscheiden. Und möglicherweise kommt der Staat ja doch wieder ins Spiel, nämlich mit seiner gesetzlichen Aufgabe, die Kommunikationsfreiheit auch vor Gefahren zu schützen, die von anderer Seite drohen.

Wirtschaftliche Zwänge: Medien als Ware und als Unternehmen

Die ganz überwiegend marktwirtschaftliche Struktur der Medien in Deutschland hat den großen Vorteil, eine große Unabhängigkeit vom Staat oder einer Staats-Partei zu gewährleisten. Im Gegensatz zu vielen anderen Staaten sind die Medien in Deutschland auch nicht im Besitz von Industrie- oder Dienstleistungskonzernen, die diese Medien für ihre eigenen politischen Interessen einsetzen. Gleichwohl birgt die kapitalistische Medienorganisation auch Gefahren für die Kommunikationsfreiheit, die manchmal als »materielle Zensur« (siehe oben) bezeichnet wird:

- Heinrich Heine kritisierte schon 1840, dass »gewöhnlich Kapitalisten oder sonstige Industrielle […] das Geld herschießen« für den Betrieb einer Zeitung und ihre politische Ausrichtung dadurch bestimmen, während die meisten Menschen, einschließlich der abhängig Beschäftigten in den Redaktionen, diese Freiheitsrechte nicht genießen können. Für Presse, Hörfunk, Fernsehen und Film ist sehr viel Geld nötig, das kaum jemand alleine aufbringen könnte. Gewerbefreiheit und Medienfreiheit gelten grundrechtlich zwar für alle, aber nur wenige sind tatsächlich in der Lage, selbst ein Medienunternehmen auf die Beine zu stellen, auch wenn das in Zeiten von YouTube und Co. leichter geworden ist. Wer aber als Gesellschafter oder Aktionärin Geld in ein Medienunternehmen steckt statt in Immobilien oder einen anderen Industriezweig, der erwartet auch eine Rendite. Wer als Medienmanager also den wirtschaftlichen Eigennutz über die öffentliche Aufgabe der Medien stellt, handelt vernünftig. Wer Minderheitenthemen und -meinungen von der Veröffentlichung ausschließt, weil sie keine Zielgruppe der Werbeindustrie bedienen und keine kaufkräftige Nachfrage erzielen, handelt rational. Nur wer als Medienmanagerin langfristiger denkt als bis zur nächsten Bonuszahlung, wer gesellschaftliche Verantwortung übernimmt, der wird in Qualität investieren und der Vielfalt der Meinungen eine Möglichkeit zur freien Verbreitung geben.

- Eine Folge der Eigentumsverhältnisse und der gewinnorientierten Unternehmensführung besteht auch darin, dass die Eigentümerinnen bzw. ihr leitendes Personal die Medieninhalte bestimmen können, während Redakteurinnen und freie Mitarbeiter geringere Kompetenzen und nur eine eingeschränkte Innere Pressefreiheit besitzen. Auch wenn das im Alltagsbetrieb einer Lokalredaktion vielleicht oft kein großes Problem darstellt, gibt es durchaus auch Fälle, in denen unliebsame Redakteure entlassen wurden, übrigens auch bei linksliberalen Medien wie dem *Spiegel* und der *Frankfurter Rundschau.*

- Für die Medien gilt wie für die meisten industriell hergestellten Waren und massenhaft angebotenen Dienstleistungen, dass die Kosten und Preise sinken, wenn mehr hergestellt wird (»Fixkostendegression«). Große Medienunternehmen haben also Marktvorteile gegenüber den kleinen und mittelständischen Betrieben, und das führt auch im Mediensektor zur Konzentration. Immer weniger Verlage und Redaktionen stellen immer größere Anteile der Zeitungen und Zeitschriften her, weil sie das billiger tun können und weil sie wegen der höheren Auflage auch mehr an der Werbung verdienen. Ähnliches gilt auch für den Rundfunk und die Onlinemedien. Konzentration ist also die zwangsläufige Folge von Märkten, solange sie nicht gesetzlich reguliert werden.

In Deutschland hat die Medienkonzentration stark zugenommen: Wenige Großverlage wie Bauer, Burda, Funke, Madsack, Springer und Bertelsmann beherrschen den Pressemarkt und sind darüber hinaus auch in Hörfunk, den Onlinemedien und – wie Bertelsmann bei RTL – im

Fernsehen tätig. Die Pressekonzentration ist längst zu einer übergreifenden Medienkonzentration geworden, und die Zahl der unabhängigen Redaktionen hat – aus Kostengründen – rapide abgenommen. Strukturell sind das eher schlechte Voraussetzungen für die Vielfalt, ohne die Kommunikationsfreiheit nicht gelingen kann. Diskutiert wird daher mittlerweile, ob der Staat nicht nur durch – bislang weitgehend wirkungslose – Kartellgesetze, sondern durch Subventionen die lokale und regionale Vielfalt unterstützen kann.

- Verschärft wird das Problem der Konzentration durch neue Wettbewerber auf dem Medienmarkt, die Social-Media-Plattformen wie Facebook, YouTube, Twitter und die Werbeplattform Google. Ohne diese Plattformen ist es auch für die publizistischen Medien nahezu unmöglich geworden, ihr Publikum zu erreichen. Nach und nach nehmen diese Plattformen den Medien auch die Werbekunden weg. Der Kostendruck auf die Medien wird also steigen, ihr Absatz wird ebenso sinken, die Werbeeinnahmen sogar gegen Null. All das wird zu weiterer Konzentration und zu Einsparungen bei den Redaktionen führen.

Eine besondere Note bekommt die Medienkonzentration, wenn sie nicht alleine wirtschaftlich motiviert ist, sondern politisch. Medienkonzerne arbeiten dann eng mit den führenden Politikern zusammen – und umgekehrt: Der Staat bevorzugt diese Medien steuerlich und rechtlich, subventioniert sie und schanzt ihnen Anzeigeneinnahmen zu; im Gegenzug erfolgt eine regierungsfreundliche Berichterstattung und wohlwollend unkritische Kommentierung. Der nach eigener Auskunft »illiberale« ungarische Ministerpräsident Orbán ist nur ein nahe liegendes Beispiel, der türkische Staatschef Erdogan handhabt es ähnlich, in Italien gab es mit Silvio Berlusconi einige Jahre sogar eine Personalunion von Medienherrschaft und Ministerpräsidentenamt, und in Russland halten sich führende Politiker und Wirtschaftsmagnaten eigene Zeitungen und Rundfunksender, damit die Berichterstattung »stimmt.«

Alles was Recht ist?

Wer professionell kommuniziert, als Künstler oder Wissenschaftlerin kreativ tätig ist, lebt meist – mehr oder weniger komfortabel – von dieser Tätigkeit. Das geht aber nur so lange, wie die Arbeitsergebnisse verkauft werden können und nicht für alle kostenlos oder zu Spottpreisen verfügbar sind. In den letzten 150 Jahren hat sich zum Schutz der Kreativen deshalb ein **Urheberrecht** entwickelt, das ihnen exklusiv das Recht auf Veränderung des Werks und seine wirtschaftliche Verwertung sichern soll. Für alle, die in den Genuss der produzierten Kunst oder des Wissens kommen möchten, gibt es damit eine Hürde, die auch die Informations- und Kommunikationsfreiheit einschränkt. Möglicherweise wäre es auch für die gesamte Gesellschaft sinnvoller, wenn alle Zugang zu allen Informationen und dem gesamten Wissen hätten, um gemeinsam darüber zu kommunizieren und neue Wahrheiten zu entdecken. In den letzten zwanzig Jahren ist deshalb eine Bewegung für einen freien, kostenlosen Zugang (»Open Access«, »Open Science«) und ein gemeinwohlorientiertes Urheberrecht (»Creative Commons«) entstanden. Klar ist, das es irgendeiner angemessenen Vergütung der schöpferisch Tätigen bedarf, wenn weiter Kunst und Wissen produziert werden soll; eine überzeugende Lösung steht aber noch aus.

Das Urheberrecht wird mitunter aber auch gezielt missbraucht, um die Informations- und Kommunikationsfreiheit einzuschränken. So wurden deutsche Behörden ungewohnt kreativ, als es um die Publikation von vertraulichen Nachrichten über den fragwürdigen deutschen Militäreinsatz in Afghanistan ging. Die Journalisten wurden nicht des Geheimnis- oder Landesverrats bezichtigt, sondern wegen eines Verstoßes gegen das Urheberrecht verfolgt – zu Unrecht, wie der Bundesgerichtshof abschließend feststellte. Der Grünen-Politiker Beck wollte mithilfe des Urheberrecht-Arguments *Spiegel Online* die Veröffentlichung eines seiner Texte aus den 1980er Jahren untersagen, und das – immerhin steuerfinanzierte – Glyphosat-Gutachten des Bundesinstituts für Risikobewertung sollte unter demselben Vorwand nicht publiziert werden.

Für eine große öffentliche Debatte hat die Urheberrechtsreform der EU gesorgt, die in Art. 17 auch den Einsatz von automatisierten Filtern für das Hochladen von Fotos, Videos und anderem Material auf Social-Media-Plattformen wie YouTube ermöglicht. Der Einsatz solcher algorithmischen Verfahren liegt aufgrund der enormen Mengen an zu überprüfenden Inhalten zwar aus Sicht der Plattformbetreiber nahe, birgt aber die Gefahr, dass versehentlich auch Inhalte blockiert werden, die sich kritisch kommentierend oder persiflierend mit urheberrechtlich geschütztem Material auseinandersetzen.

Um unliebsame Berichte zu verhindern, setzen immer öfter die betroffenen Unternehmen oder Personen ihre Anwälte auf die Spur. Schon vor einer Publikation richten diese dann »**presserechtliche Informationsschreiben**« an die Redaktionen, in denen sie auf eine mögliche Klage und die Kosten eines Gerichtsprozesses hinweisen. Je nach Qualität der Recherche und abhängig von der Risikobereitschaft sowie den finanziellen und juristischen Mitteln eines Verlages können solche Schreiben zensierende Wirkungen haben.

Gesellschaftliche Interessengruppen, Rechtspopulisten und Neonazis

Der Warnruf »Zensur« ertönt aus ganz unterschiedlichen politischen Lagern immer dann, wenn die eigene Meinung nicht hinreichend in der Öffentlichkeit zur Geltung kommt oder zumindest wenn ihre Vertreter das so empfinden. Der Zensur bezichtigt werden dann wahlweise

- die »bürgerlichen« oder auch die »Mainstream-« bzw. »Systemmedien«, die – meist rechtspopulistische Inhalte – durch ihre Selektion »zensieren«
- die Social-Media-Plattformen, die Inhalte aufgrund »fremder Kulturvorstellungen« (meist US-amerikanischer Prüderie) oder politischer Rücksichtnahmen bzw. der Angst vor möglichen gesetzlichen Sanktionen löschen
- die »linksliberalen« oder auch »rotgrünversifften Intellektuellen« mit ihrer vermeintlichen Neigung, es allen Minderheiten Recht machen zu wollen und ein Regime der »Political Correctness« zu errichten, das den »normalen Bürger« (seltener die Bürgerin) und den »gesunden Menschenverstand« (manchmal sogar »das gesunde Volksempfinden«) angeblich unterdrücken.

Das politische Klima ist in den letzten Jahren auch in Deutschland rauer geworden. Der Aufstieg der AfD geht zum guten Teil auf den strategisch gezielten Bruch von Kommunikationsregeln zurück, mit dem provoziert und die Stimmung angeheizt werden soll. Der Kampf um Aufmerksamkeit führt oft in eine Spirale der sprachlichen Überbietung: Im Duktus des »Man wird doch wohl noch sagen dürfen« werden dann immer radikalere Äußerungen als scheinbar normal dargestellt oder mit dem Argument der Meinungsfreiheit mitunter auch schlichte Falschaussagen propagiert. Die Anzahl der Beleidigungen, Bedrohungen und gewalttätigen Angriffe auf Journalistinnen und Journalisten hat stark zugenommen – über die Hälfte erlebt dies mindestens einmal pro Jahr. Meist sind rechtsradikale Gruppen für Aktionen verantwortlich, mit denen sie sich für die Berichterstattung der Medien rächen oder die sie sogar verhindern wollen.

»Political Correctness«

Von einigen Universitäten in den USA ging die Debatte aus, ob wir nicht bestimmte Sprachregelungen brauchen, um einer Diskriminierung von Minderheiten vorzubeugen und um auch sprachlich klar zum Ausdruck zu bringen, dass alle Geschlechter gemeint sind, sich also Frauen und Transpersonen nicht ausgeschlossen fühlen. Die zum Teil sehr emotional und ideologisch geführte Auseinandersetzung über gendergerechte Sprache und verbotene Wörter reißt seit rund vier Jahrzehnten nicht ab. Eine Fülle von Argumenten wurden ausgetauscht, und im Ergebnis haben die meisten Universitäten, mittlerweile aber auch viele Behörden, öffentliche Einrichtungen und private Unternehmen Leitfäden oder andere Sprachregeln erlassen. Wie auch immer man aus linguistischer oder sprachästhetischer Sicht beurteilt, wozu die Befolgung der Sprachregeln führt – für unser Thema Kommunikationsfreiheit sind drei Punkte wichtig:

Offenbar nehmen wir einen engen Zusammenhang zwischen Sprechen bzw. Kommunikation und Denken wahr. Die Verwendung von Begriffen und unsere Vorstellungen im Kopf beeinflussen sich wechselseitig. Deshalb gehören, wie wir gesehen haben (Kap. 3), Gedanken- und Kommunikationsfreiheit untrennbar zusammen. Auch wenn das grammatikalische Geschlecht (er, sie, es) und das soziale Geschlecht (männliches, weibliches oder anderes Gender) unterschiedliche Dinge sind, und wir uns bei »die Person« nicht unbedingt eine Frau vorstellen – bei »der Richter« und vielen anderen zumindest lange Zeit männlich dominierten Positionen haben wir wahrscheinlich eher das Bild eines Manns vor dem inneren Auge. Ob eine veränderte Sprache automatisch ein neues Denken hervorbringt, ist wissenschaftlich nicht eindeutig geklärt. Die Hoffnung, ein reales gesellschaftliches Diskriminierungsproblem nur durch Kommunikation zu lösen, wäre naiv. Dass ein freiwillig veränderter Sprachgebrauch ein Zeichen klarer Wertschätzung für unsere Kommunikationspartnerinnen und -partner ist, dürfte unstrittig sein. Insofern machen wir einen guten Gebrauch von unserer Kommunikationsfreiheit. Die Alternative wäre, erst auf eine Lösung der gesellschaftlichen Probleme (Sexismus, aber auch Rassismus und andere) zu warten, bevor sich auch die Sprache als Ausdruck veränderter Verhältnisse ändert.

Es handelt sich bei solchen Leitfäden und Vorgaben für die »richtige Sprachverwendung« um eine Einschränkung der Kommunikationsfreiheit, aber nicht wie vielfach behauptet um Zensur. Zum einen ist es in der Regel nicht der Staat, die Kirche oder eine Staatspartei, der hier Vorschriften und Tabus erlässt, sondern es sind ganz unterschiedliche gesellschaftliche Gruppen, die sich angegriffen fühlen. Und zum anderen geht es nicht um Vorzensur, wie wir sie als historische Erscheinung kennen gelernt haben. Es gibt weder eine zentrale Instanz noch Strafen für unkorrekte Sprache, außer vielleicht einer sozialen Ächtung für die älteren Herren, die noch von »Fräuleins« und »Negern« reden. Dem gerne geäußerten Argument »Man wird doch wohl noch sagen dürfen …« lässt sich entgegnen, dass jede Äußerung uns auch immer etwas über denjenigen mitteilt, der sie äußert – zum Beispiel, dass er oder sie rassistisch, sexistisch, antisemitisch etc. denkt.

Liberale argumentieren, dass sich zunehmend eine Kultur des raschen »Beleidigtseins« etabliert habe, in der jede und jeder mit dem Argument, er oder sie fühle sich diskriminiert und verletzt, Beschränkungen der Kommunikationsfreiheit fordern könne. Der »Opferkult« führe zu einer übertriebenen Moralisierung des öffentlichen Lebens, zur vollständigen Spaltung in absolut unschuldige und moralisch völlig integre Opfer einerseits und schuldige Täter andererseits. Die Toleranz für andere Meinungen schrumpfe aus ideologischen Gründen. Das mag überzogen klingen, festhalten kann man aber, dass Kommunikationsfreiheit auch das Recht auf Kritik an Minderheiten einschließt – so lange deren Menschenwürde gewahrt bleibt und keine falschen Tatsachen behauptet werden. Es spricht also nichts dagegen, sondern alles dafür, auch Muslime, Juden, Migrantinnen, Lesben und Schwule hart zu kritisieren, aber eben nicht, weil sie Muslime, Juden, Migrantinnen, Lesben oder Schwule sind, sondern gegebenenfalls für Äußerungen oder Handlungen, denen wir mit Argumenten widersprechen möchten. Wenn Kommunikationsfreiheit für alle gilt, dann überzeugen auch Vorschläge nicht, dass nur Schwarze andere Schwarze, nur Juden andere Juden kritisieren »dürfen«, denn hier wird aufgrund einer – sozial und kommunikativ konstruierten – Identität diskriminiert.

Aber es geht nicht nur um Kritik, sondern auch um Solidarität und Empathie, die für einige zum Problem wird: Vor allem in den USA gibt es immer wieder Forderungen, es vor allem der weißen und männlichen Bevölkerung nicht zu erlauben, sich »ungefragt« für die Opfer rassistischer oder sexistischer Gewalt und Benachteiligung einzusetzen und deren Geschichte oder Verletzungen in Wort, Schrift und Bild öffentlich zu thematisieren. Dies wird als unbefugte, ja übergriffige kulturelle Aneignung, Enteignung und Ausbeutung moralisch verurteilt. Das Recht auf Kommunikations- und Kunstfreiheit wird mit moralischen Argumenten bestritten, die im Ergebnis zum Tod der Freiheit und der Kunst führen würden. Wie die Literaturwissenschaftlerin Nikola Roßbach überzeugend darlegt, kann Kultur ohne kulturellen Austausch nicht bestehen, Literatur wäre ohne die Aneignung der Geschichte anderer nicht denkbar – sonst müssten Kinder ihre

Bücher selber schreiben, und Krimis dürften nur von Straftätern und Polizisten verfasst werden.

Ähnlich absurd muten einige Forderungen an, gerade in Forschung und Lehre bestimmte Themen und Meinungen zu tabuisieren, weil sie beispielsweise Studierende »verletzen« könnten. Solche Forderungen verkennen grundlegend, wie Wissenschaft funktioniert (wenn sie denn funktioniert). An angelsächsischen Hochschulen verbreitet und mittlerweile auch in Deutschland angekommen ist auch das Argument, bestimmten Meinungen keine »Plattform« zu bieten, also bestimmte Rednerinnen und Redner nicht auf dem Campus oder in einer Talkshow zu dulden. Dahinter steht offenbar die Angst, dass die »falsche Meinung« das Publikum dann doch überzeugen könnte – wir haben diese Annahme bereits als Third-Person-Effect kennen gelernt. Das Vertrauen in Vernunft und Urteilsfähigkeit von Kommilitonen und Mitbürgerinnen entspricht ungefähr dem Niveau der römisch-katholischen Kirche im letzten Jahrhundert.

Die anhaltende Debatte zeigt, dass wir Kommunikationsfreiheit durchaus wichtig nehmen, dass sie umkämpft ist und wir über sie kommunizieren müssen, auch um sie zu verteidigen. Solange die Diskussion anregt, auch über reale Benachteiligungen und Verzerrungen in unserer Gesellschaft nachzudenken, ist sie produktiv. Sobald starre Regeln dekretiert und gedankenlos in Form von Lippenbekenntnissen befolgt oder schematisch auch Wörter »gegendert« werden, bei denen es nicht sinnvoll ist (z. B. Mitglieder*innen), sollten wir nachdenklich werden.

Zusammenfassend können wir also festhalten, dass Zensur, verstanden als systematisch vom Staat betriebene Vorzensur, in Deutschland überwunden wurde, ohne dass damit die Kommunikationsfreiheit schon verwirklicht wäre. Die anderen Grundrechte und die allgemeinen Gesetze, die durch staatliche

Behörden exekutiert und gegebenenfalls durch Gerichte bis hin zum BVerfG geprüft werden, beschränken die Kommunikationsfreiheit. In der Abwägung zwischen Sicherheit und Freiheit neigt die Exekutive zu einer eher freiheitsbeschränkenden Praxis, während die Gerichte großen Anteil an der Wahrung der Kommunikationsfreiheit besitzen. Staatliche Eingriffe betreffen weniger die Medienfreiheit als das Recht auf informationelle Selbstbestimmung.

Heutzutage sind neben Kirche und Staat andere Akteure und Mechanismen getreten, aus denen Gefahren für die Kommunikationsfreiheit erwachsen können. Die marktwirtschaftliche Organisation und Konzentration der Medien, die Instrumentalisierung von Urheberrechten und Persönlichkeitsrechten, aber auch der politische und soziale Druck von weltanschaulichen Interessengruppen zählen zu diesen Kräften.

6. Kommunikations-freiheit global

Wir haben bislang die Entwicklung der Idee der Kommunikationsfreiheit und ihre schrittweise Durchsetzung in der westlichen Welt verfolgt. Nicht erst seit heute, vor dem Hintergrund der Globalisierung, erheben sich die Fragen, ob Kommunikationsfreiheit weltweit gilt und wie es tatsächlich in andern Ländern um sie bestellt ist. Ist Kommunikationsfreiheit also ein universeller Wert, der unabhängig von Religion, Kultur oder politischer Ordnung gilt?

Kommunikationsfreiheit für alle Menschen?

Kommunikationsfreiheit als Idee in ihrer heutigen Form wurde zweifellos durch den angelsächsischen Liberalismus und die europäische Aufklärung geprägt, lange Zeit haben die Europäer diese Rechte den Menschen in ihren Kolonialreichen aber gar nicht zugestanden. Die Begründung der Kommunikationsfreiheit als natürliches Recht aller Menschen beansprucht allerdings universelle Geltung – unabhängig von politischen, gesellschaftlichen oder kulturellen Vorstellungen und dem durch Staaten gesetzten sogenannten positiven Recht.

Politisch haben sich die postkolonialen Staaten des »Globalen Südens« – zumindest formal – die Menschenrechte

Springer Fachmedien Wiesbaden GmbH, ein Teil von Springer Nature 2021
K. Beck, *Kommunikationsfreiheit*, Medienwissen kompakt,
https://doi.org/10.1007/978-3-658-32478-0_6

einschließlich der Kommunikationsfreiheit längst zu eigen
gemacht. Die Vorstellung, dass Kommunikationsfreiheit jenseits des Westens eine kulturell völlig unbekannte und in-
akzeptable Idee sei, die der anhaltenden imperialistischen
Unterdrückung diene, erscheint einigermaßen absurd. Allerdings wird zum Beispiel mit dem Hinweis auf die jahrtausen-
dealte chinesische Kultur, die durch Buddhismus und Kon-
fuzianismus geprägt sei, gerne auch »im Westen« behauptet,
die individuellen Freiheitsrechte würden nicht in eine kol-
lektivistische Kultur der Gemeinschaft passen oder seien ihr
wesensfremd. Die europäische Aufklärung sei ein kulturspe-
zifisches Produkt, das keine universelle weltweite Geltung beanspruchen könne. Dass kulturrelativistische Argumente als
Schutzbehauptung verwendet werden, um zivilgesellschaft-
liche Ansprüche im eigenen Land sowie Pflichten aus internationalen Verträgen abzuwehren, kann man kaum leugnen.
Einer genaueren Prüfung hält eine solche Argumentation aus
mindestens zwei Gründen nicht stand:

- Zunächst einmal müsste belegt werden, dass es in den anderen reichen Kulturen tatsächlich keine einflussreichen
  geistigen Strömungen gegeben hat oder gibt, die sich genau für solche Freiheiten wie das Recht auf Kommunikation einsetzen – mit welchen Begründungen und Hinter-
  gründen auch immer. Ein solcher Nachweis dürfte kaum
  zu erbringen sein, weil wohl keine Kultur oder Religion
  so eindeutig ist, dass sie nicht verschiedene Lesarten her-
  vorgebracht hätte. So wie der christliche Glaube jahrhundertelang zur Unterdrückung der Kommunikationsfreiheit
  diente, sich aber mittlerweile weitgehend liberale Interpretationen durchgesetzt haben, so gibt es selbstverständlich auch Lesarten des Korans, die Toleranz und Freiheit
  begründen können. Die Frage ist eher, wessen Interpreta-
  tion sich jeweils durchsetzt und welche unterdrückt wird.
  Der eigentliche Kampf um die Kommunikationsfreiheit

findet heute vor allem **innerhalb** vieler Staaten des globalen Südens statt. Hier beanspruchen einige Gruppen das Recht und die (alleinige) Kompetenz, die universellen Menschenrechte aufgrund von Kultur, Tradition oder Religion zu relativieren. Andere gesellschaftliche und politische Gruppen kämpfen darum, ihre Regierung öffentlich kritisieren zu können, Missstände aufzudecken, die eigene Meinung auch über die Medien zu verbreiten und sich aus internationalen Medien und online frei zu informieren. Die Regierungen, die ihnen dies erschweren oder verweigern, geben nur vor, im nationalen Interesse oder zur Wahrung einer Religion (Islam) oder einer Kultur (konfuzianisches Erbe) zu handeln. Sie maskieren ihre eigenen Machtinteressen und bleiben meist den Nachweis schuldig, dass »der Islam« oder »die chinesische Kultur« wirklich unvereinbar mit den Menschen- und Kommunikationsrechten wären. Vielleicht nur unfreiwillige Unterstützung findet solche Argumentation in der Diskussion über die multikulturelle Gesellschaft, wenn zwei Dinge verwechselt werden: Zu Verstehen (im Sinne von Begreifen), dass jemand andere Werte vertritt, weil er oder sie einer anderen Kultur oder Religion angehört, bedeutet nicht zwangsläufig die Werte auch zu akzeptieren und zu teilen. Notwendig ist vielmehr ein offener und freier, aber respektvoller Austausch von Meinungen – auch wenn dies eine typisch westlich-liberale, »eurozentristische« Forderung sein mag. Die kommunikative Suche nach Gemeinsamkeiten und die klare Kennzeichnung von Unterschieden oder Widersprüchen sind einer globalisierten Gesellschaft angemessener als die wahllose Akzeptanz aller Positionen. Die Frage, wie tolerant man gegenüber den Intoleranten sein soll, bleibt schwer zu beantworten.

- Hinter der Idee, die Menschenrechte als kulturspezifische Produkte zu verstehen, die man anderen Gesellschaften nicht imperialistisch aufzwingen dürfe, steht manchmal eine ehrenhafte moralische Vorstellung von Neutralität und Gleichberechtigung. Aber diese Überlegung ist in sich widersprüchlich, denn zum einem erfolgt sie aus der Position der eigenen Überlegenheit heraus, bemäntelt aber im Grunde nur eine völlige »Gleichgültigkeit«. Wenn alle Werte austauschbar und gleichermaßen gültig sind, dann sind alle Werte nichts mehr wert. Die Folgen dieses moralisierenden Alles-Verstehens sind fatal, denn sie bieten repressiven Regimen auch noch Rechtfertigungen für ihre Machenschaften. Übrigens ist die gesamte Argumentation, die ja Gleichberechtigung und freie Entfaltung fremder Kulturen fordert, selbst ungemein »eurozentristisch«, also auf das Engste gebunden an die Werte der europäischen Aufklärung – und nicht an die Glaubenswahrheiten des Islam, des Christentums oder des Marxismus.

Der universelle Anspruch von Menschenrechten wie der Kommunikationsfreiheit bedeutet zwar, dass diese weltweit und für alle Menschen gelten, aber nicht dass die Kommunikationsfreiheit grenzenlos oder absolut ist. Im Konflikt, in der Abwägung mit der Menschenwürde und anderen Freiheitsrechten werden der Kommunikationsfreiheit überall Schranken gesetzt, und zwar in Abhängigkeit von kulturellen Traditionen sowie politischer Herrschaft unterschiedliche. Diese Unterschiede müssen zunächst kommunikationswissenschaftlich analysiert werden. Die entscheidende philosophische (und politische) Frage ist dann, ob es sich um legitime Schranken handelt, also um ethisch begründbare, oder nur um legale Einschränkungen, also zwar gesetzlich festgeschriebene, aber nicht unbedingt demokratisch legitimierte und mithilfe der anderen Menschenrechte zu rechtfertigende Grenzen.

Kommunikationsfreiheit global?

Tatsächlich wurde die Kommunikationsfreiheit vielfach schon früh in die Verfassungen selbständiger Staaten jenseits der Länder der europäischen Aufklärung aufgenommen, denn die Befreiungsbewegungen konnten sich im Kampf gegen die Kolonialmacht sehr gut auf die universal geltenden Menschenrechte berufen, zu denen die Kommunikationsfreiheit zählt. Die Meinungs- und Pressefreiheit wurde bereits 1847 in Liberia,1876 in der Türkei, 1889 in Japan, 1907 in Persien und 1930 in Afghanistan eingeführt. Die beiden letzten Staaten garantierten die Pressefreiheit aber nur unter dem Vorbehalt, dass sich die Medien nicht gegen den Islam richten. Sogar die chinesische Verfassung räumt in Art. 35 den Bürgerinnen und Bürgern der Volksrepublik Rede-, Publikations-, Versammlungs- und Vereinigungsfreiheit ein.

Formal bekennen sich heutzutage die meisten Staaten zu den »westlichen Werten«, zu denen die Kommunikationsfreiheit zählt: Die Vereinten Nationen (UNO) mit heute 193 Mitgliedstaaten haben 1948 die Allgemeine Erklärung der Menschenrechte verkündet, die in Artikel 19 auch die Meinungs-, Meinungsäußerungs- und Verbreitungsfreiheit sowie die Informationsfreiheit garantiert. Die damalige Sowjetunion mit ihren osteuropäischen Vasallenstaaten, das rassistische Südafrika und Saudi-Arabien enthielten sich bei der Abstimmung. Völkerrechtlich war diese erste Erklärung nicht bindend, aber 1966 folgte der rechtsverbindliche Internationale Pakt über bürgerliche und politische Rechte, in dem diese Kommunikationsrechte ausdrücklich auch für die grenzüberschreitende Kommunikation und Mediennutzung bestätigt wurden. Der Schutz des Ansehens anderer, der nationalen Sicherheit und Gesundheit sowie der öffentlichen Ordnung wurde als Grenze der Kommunikationsfreiheit definiert und die Kriegspropaganda verboten. Immerhin 74 Staaten haben unterschrieben und ratifiziert. China jedoch hat nicht einmal unterschrieben und Saudi-Arabien bislang nicht ratifiziert. Allerdings bedeutet dies im Umkehrschluss keineswegs, dass alle Staaten, die dem Abkommen beigetreten sind, tatsächlich die versprochenen Freiheiten und Rechte gewähren.

Auf europäischer Ebene wird die Meinungs- und Kommunikationsfreiheit ebenfalls garantiert: 1953 trat die Europäische Menschenrechtskonvention (EMRK) in Kraft, die in Art. 9 bis 11 alle Kommunikationsfreiheiten enthält. Es handelt sich um Rechte, die jede Bürgerin eines der 47 Mitgliedstaaten des Europarates vor dem Europäischen Menschenrechtsgerichtshof in Straßburg auch gegen ihren eigenen Staat einklagen kann. Die Europäische Union (EU) hat die Kommunikationsfreiheit in Art. 11 ihrer Grundrechtecharta aufgenommen; alle EU-Bürger können vor dem Europäischen Gerichtshof in Luxemburg gegebenenfalls klagen.

Bei der Kommunikationsfreiheit klaffen wohlfeile Deklarationen und Sonntagsreden einerseits und gesellschaftliche Realität andererseits weit auseinander. Das zeigt die Arbeit von Organisationen wie Index of Censorship (https://www.in dexoncensorship.org/), Amnesty International oder Reporter ohne Grenzen (RoG), die jährlich eine Weltrangliste der Pressefreiheit erstellt (https://www.reporter-ohne-grenzen.de/). Dazu werden Journalistinnen und Journalisten befragt sowie konkrete Fälle von Gewalt oder gar Ermordung von Journalisten recherchiert und dokumentiert.

- Während die skandinavischen Länder und die Benelux-Staaten meist an der Spitze der Liste von Reporter ohne Grenzen rangieren, schränken die rechtsgerichteten Regierungen der EU-Staaten Polen und Ungarn die Medienfreiheit immer weiter ein. Durch gesetzliche Regelungen, die den Zugriff auf den staatsnahen Rundfunk sichern und auf die Eigentumsverhältnisse bei den kommerziellen Medien zielen, suchen sie die Kontrolle der öffentlichen Meinung.

Bulgarien belegte 2019 im internationalen Ranking der Pressefreiheit Platz 111 von 180. Die massiven Einschränkungen der Kommunikationsfreiheit unter Erdogan haben die Türkei in eines der größten Gefängnisse für Journalistinnen und Journalisten verwandelt und faktisch aus dem Kreis der EU-Kandidaten ausgeschlossen. Neben der Kontrolle der nationalen Medienstrukturen, insbesondere durch den Staatsbesitz der Medien oder die enge Zusammenarbeit mit regierungsfreundlichen Medienmagnaten, sowie der Mediengesetzgebung spielen konkrete Eingriffe eine große Rolle. Die Medien- oder Polizeibehörden reagieren auf unerwünschte Nachrichten nicht mit Aufklärung oder Abschaffung der Missstände, sondern mit Verboten und Repressalien.

- Die USA, eines der Länder mit der längsten Tradition von Pressefreiheit, haben seit dem »Krieg gegen den Terror« auch Kommunikationsfreiheiten beschnitten; unter Präsident Trump rangierten sie nur noch auf Platz 45 der Rangliste.

- In den islamischen Staaten, vor allem der arabischen Welt, wird die Kommunikationsfreiheit massiv unterdrückt: Mit wenigen Ausnahmen finden sich alle Regime im letzten Drittel der Rangliste. »Intoleranz ist kein islamisches Monopol« (so der britische Historiker Timothy Garton Ash, S. 405), aber Erklärungen wie die postkolonialen Strukturen oder wirtschaftliche Probleme greifen zu kurz, wenn man den Vergleich zu ärmeren Ländern mit kolonialer Vorgeschichte zieht. In der islamischen Welt haben sich zunehmend religiös legitimierte, gesellschaftlich extrem konservative Diktaturen etablieren können.

- Die zentralasiatischen Staaten und die Nachfolgestaaten der Sowjetunion sind durch große Probleme bei der Verwirklichung der Medien- und Kommunikationsfreiheit gekennzeichnet, weil sich hier Autokratien etabliert haben. Das putinistische Russland (Rang 149) versucht seine Bürgerinnen und Bürger vom weltweiten Netz abzuschneiden und die Kommunikation in einem nationalen Intranet, dem »Runet« zu fangen, das sich leichter kontrollieren lässt. Auch weltweit betrachtet wird in den nationalen Verfassungen die Informationsfreiheit deutlich seltener garantiert als die anderen Kommunikationsfreiheiten.

- Die chinesische Regierung (Rang 177) kontrolliert mit tatkräftiger Unterstützung westlicher Internetkonzerne die Onlinekommunikation flächendeckend. Die »Great Firewall« verweigert den Zugang zum weltweiten Netz, Heerscharen von Internetzensoren löschen Tag und Nacht Social-Media- Postings, Hunderttausende Freiwillige verbreiten gegen Bezahlung regierungsfreundliche Propaganda, getarnt als private Mitteilungen. Was nicht gefiltert und zensiert wird, dient der Nachverfolgung der Kommunikationsnetze von Regimegegnern.

Das russische und das chinesische Beispiel zeigen, dass man offenbar den internationalen Einfluss besonders fürchtet. Umgekehrt betreiben gerade diese beiden Staaten selbst eine sehr aktive Informations- und Medienpolitik im Ausland. China leistet in sehr vielen afrikanischen Ländern »Entwicklungshilfe« beim Aufbau einer Medienstruktur. Diese Länder verfügen über wichtige Rohstoffe und sind Abnehmer chinesischer Güter und Kredite, die ganze Staaten in den Ruin treiben. In den lokalen Medien, die mit chinesischer Hilfe aufgebaut wurden, erfährt man darüber nichts Kritisches. Die Versuche Russlands mit Angeboten wie »RT Deutsch« auch hierzulande Desinformation unter dem Deckmantel der Medienkritik zu verbreiten, sind bekannt. Ebenso berüchtigt ist das Wirken der auch als »Petersburger Trollfabrik« bezeichneten »Agentur für Internetforschung« bei der Manipulation von Social-Media-Kommunikation vor Wahlen in westlichen Staaten. Mittlerweile hat die Europäische Union eine Analyse- und Abwehrabteilung sowie eine Website (https://EUvsDis

info.eu) gegen russische und chinesische Desinformations-
kampagnen eingerichtet.

Aufsehen erregt haben in den letzten zwanzig Jahren immer wieder Proteste und Gewalttaten von muslimischen Regierungen und Gruppen, die sich gegen die Wahrnehmung
der Kommunikationsfreiheit auch im Westen richteten: Die
Fatwa iranischer Schiiten gegen Salman Rushdie (»Sata-
nische Verse«), die weltweiten gewalttätigen Proteste und An-
schläge aufgrund der dänischen Mohamed-Karikaturen oder
der Mordanschlag auf die Charlie-Hebdo-Redaktion in Pa-
ris. Die Ermordung des regimekritischen Journalisten Jamal
Kashoggi durch die saudische Regierung im Istanbuler Kon-
sulat hat weltweit für Schlagzeilen gesorgt, aber die systematische und brutale Unterdrückung von Menschen, die abweichende Meinungen äußern, ist leider kein Einzelfall. Die
saudischen Autokraten lassen sogar in den USA Twitter-Kon-
ten ausforschen, weil diese Plattform bei den Oppositionellen wegen der anonymen Kommunikation sehr beliebt ist. In
einer globalisierten Welt geht es also nicht mehr alleine um
die Frage, ob in einem Staat Kommunikationsfreiheit exis-
tiert oder nicht. Kommunikationsfreiheit ist ein internationa-
les Thema, jenseits von politischen Deklarationen und völker-
rechtlichen Abkommen.

Es geht hier nicht darum, Russland, China, Saudi-Arabien,
den Iran oder andere Länder pauschal zu Feinden der Kommunikationsfreiheit zu erklären und sich bequem zurück-
zulehnen. Gerade mit Blick auf »das christliche Abendland«
oder die deutsche Geschichte verbietet sich jegliche Über-
heblichkeit. Zunächst einmal muss man zwischen den jeweils
Regierenden und den in den Ländern lebenden Menschen
unterscheiden, deren Einsatz für Kommunikationsfreiheit
Unterstützung verdient. Doch diese Unterstützung bleibt all-
zu oft aus, im Gegenteil: Die großen internationalen Internetkonzerne Google (Alphabet), Apple, Facebook und Amazon
kooperieren mit allen Regierungen, indem sie sich an die na-

tionalen Gesetze halten, um weiter ihr Geschäft verrichten zu
dürfen. Ob es sich um demokratisch legitimierte Gesetze handelt, die bürokratischen Produkte einer Parteiclique oder die
Erlasse eines brutalen Potentaten, scheint nicht weiter zu interessieren.

Vor allem autokratische Regierungen versuchen ihre Maßnahmen mit besonderen Umständen und Gefahrensituatio-
nen zu legitimieren. Neben dem klassischen Argument des
Schutzes von staatlicher Autorität (Separatismus), innerer
(Terrorismus, Korruption) und äußerer Sicherheit (Krieg,
Propaganda, internationaler Terrorismus) oder Sitte und Moral, kann das auch die gesundheitliche Lage sein. In vielen
Staaten wurde den Medien beispielsweise die Berichterstattung über die tatsächliche Opferzahl der Corona-Pandemie
erschwert, im Irak wurde sogar die internationale Nachrichtenagentur *afp* mit einer Geldstrafe und einem Tätigkeits-
verbot belegt. Das Image im Ausland und die Informationsfreiheit im Inland sollen auf diese Weise kontrolliert werden.
Kommunikationswissenschaftliche Studien haben gezeigt,
dass der Verlust von Kommunikationsfreiheit oft mit dem
Abbau einer unabhängigen Justiz und der Demokratie insgesamt zusammenhängen.

Wie wir gesehen haben, gibt es auch in Deutschland
(Rang 11 der RoG-Liste) immer wieder Schwierigkeiten bei
der Verwirklichung der Kommunikationsfreiheit. Das gilt
auch für internationale Zusammenhänge: Der **Bundesnach-
richtendienst** hat sich über Jahrzehnte an der internationalen Überwachung von Telefon- und Onlinekommunikation
beteiligt und damit massiv gegen das Grundgesetz (Art. 10)
verstoßen, wie das Bundesverfassungsgericht 2020 festgestellt
hat. Die staatliche Spitzelei machte es ausländischen Journalisten unmöglich, ihre Informanten und Quellen wirksam zu
schützen. Es steht zu befürchten, dass die internationale Ge-
heimdienstzusammenarbeit auch zur Verfolgung von Journalisten im Ausland genutzt werden konnte.

Die führende Rolle in der globalen Überwachung von Kommunikation haben derzeit zweifellos die USA inne. Als letzte verbliebene militärische Supermacht, die sich zunehmend durch das aufstrebende China und den internationalen Terrorismus bedroht fühlt, wenden sie erhebliche Mittel auf, um weltweit Tele- und Onlinekommunikation zu überwachen. Dabei arbeiten die verschiedenen US-Geheimdienste mit über 100 ausländischen Diensten zusammen; am bedeutendsten ist der Informationsaustausch der sogenannten Five Eyes, den Nachrichtendiensten aus Großbritannien, Kanada, Australien und Neuseeland.

Der Genuss weitgehender Kommunikationsfreiheit erweist sich nicht nur, wie Kapitel 5 gezeigt hat, als historischer Glücksfall, sondern auch als internationale Ausnahme. Die meisten Staaten bzw. Regierungen gewähren aus machtpolitischen Motiven nur wenig Kommunikationsfreiheit, und sie bedienen sich dabei oftmals fadenscheiniger Argumente.

7. Kommunikationsfreiheit in einer vernetzten Gesellschaft

In jüngster Zeit ist viel von »Digitalisierung« oder gar »digitaler Revolution« die Rede, die angeblich »alles« verändert. Mit dem Internet verbinden sich dabei einerseits weitreichende Hoffnungen auf eine unbegrenzte und freie Kommunikation, die nicht mehr durch Staaten oder andere Mächte begrenzt werden könne. Andererseits gilt das Internet als perfekte Überwachungsmaschine, mit deren Hilfe Staaten wie China oder Konzerne wie Google, Apple, Facebook und Amazon (»GAFA«) uns alle kontrollieren und manipulieren. Wie also ist es um die Kommunikationsfreiheit in einer digital vernetzten Gesellschaft tatsächlich bestellt? Welche Mechanismen und Tendenzen lassen sich heute bereits erkennen?

Leben im digitalen Panoptikum? Überwachung in digitalen Kommunikationsnetzen

Die Geschichte von Kommunikationsfreiheit und Zensur (vgl. Kap. 4) hat deutlich vor Augen geführt, wie wichtig es für die jeweils Mächtigen war, möglichst genau zu wissen, wer was denkt und sagt. Wie viel Aufwand für die Kontrolle von Kommunikation betrieben wurde (und in vielen Fällen auch weiterhin betrieben wird), zeigen Maßnahmen wie beispielsweise die Pflicht, Bücher zur Zensur einzureichen, im Zeitungsimpressum einen Verantwortlichen zu benennen,

© Der/die Autor(en), exklusiv lizenziert durch
Springer Fachmedien Wiesbaden GmbH, ein Teil von Springer Nature 2021
K. Beck, *Kommunikationsfreiheit*, Medienwissen kompakt,
https://doi.org/10.1007/978-3-658-32478-0_7

nur ausgewählten Verlagen oder Rundfunkanbietern Lizenzen zu erteilen, die Nutzung ausländischer Medien zu unterbinden, aber auch den privaten Post- und Telefonverkehr zu
überwachen. Wissen ist in all diesen Fällen Macht oder es ver-
spricht zumindest eine weitgehende Kontrolle dessen, was gesagt (und gedacht) werden kann.

Die Kontrolle von Kommunikation dient aber nicht nur wie
die klassische Zensur dazu, dass etwas nicht gesagt oder veröffentlicht wird, indem ein Text, eine Rede oder ein Film dem
Publikum per Verbot vorenthalten wird. Diese unmittelbare
Wirkung wird ergänzt, im Grunde sogar vervielfacht durch
eine indirekte Wirkung: Wer mit Zensur, Jobverlust, Inhaftierung oder gar Folter und Mord, vielleicht auch nur mit wirtschaftlichen Nachteilen rechnen muss, wird sein Verhalten
wahrscheinlich schon vorab anpassen. Kommunikationskontrolle und Überwachung setzen auf vorauseilenden Gehorsam,
und der setzt oft bereits auch dann ein, wenn man gar nicht sicher sein kann, ob man tatsächlich überwacht wird. Wie die
bloße Möglichkeit, in eine Radarfalle zu geraten, die meisten
Autofahrerinnen und Autofahrer diszipliniert, also ihr Verhalten steuert, so gilt dies auch für unsere Kommunikation.
Selbstverständlich gibt es immer wieder Mutige, die das Risiko von Nachteilen oder gar Verfolgung auf sich nehmen, um
trotzdem offen ihre Meinung zu bekennen. Für die meisten
von uns trifft das aber vermutlich nicht zu. Im Alltag ist daher
oft auch von »Selbstzensur« die Rede, die allerdings im Grunde gar nicht selbst, sondern von außen verursacht wird.

In der Kommunikationswissenschaft beschreibt die Theorie der Schweigespirale den Zusammenhang zwischen dem,
was wir als erlaubte oder »angesagte« Meinung wahrnehmen,
und dem, was wir selbst öffentlich äußern. Die sehr bekannte,
wenn auch nicht unumstrittene Theorie von Elisabeth Noelle-
Neumann besagt, dass wir uns als Menschen nicht gerne von
unseren Mitmenschen isolieren, weil wir ganz grundlegend
soziale Wesen sind. Wer sich von anderen absondert, kann

womöglich nicht auf deren Unterstützung hoffen, wenn sie gebraucht wird. Wir erwägen deshalb zumindest bei wichtigen Streitfragen ständig, wie wohl die anderen denken. Und wir überlegen bei dem, was wir dann sagen, sehr gut, ob wir es nicht lieber für uns behalten, um nicht anzuecken oder einen Streit vom Zaun zu brechen. Unsere Annahmen, welche Meinung wir ohne Probleme äußern können und welche nicht, können durchaus falsch sein (oder wir können von den klassischen oder den sozialen Medien darüber getäuscht werden). Ob es dadurch tatsächlich zu einer Schweigespirale kommt, bei der sich das Verschweigen bestimmter Meinungen selbst verstärkt, oder nicht, muss uns hier gar nicht weiter interessieren. Wichtig und empirisch belegt ist, dass unser Kommunikationsverhalten schon alleine dadurch beeinflusst wird, dass wir uns beobachtet fühlen.

Der französische Philosoph, Historiker und Soziologe Michel Foucault hat die Wirkung von tatsächlicher oder vermeintlicher Überwachung am Beispiel einer Gefängnisarchitektur (des »Panopticons« von Jeremy Bentham) verdeutlicht: In der Mitte eines Gefängnishofes steht ein Wachturm, von dem aus alle Zellen und ihre Insassen beobachtet werden können. Umgekehrt sehen die Gefangenen zwar den Turm, können aber nicht erkennen, ob sie selbst gerade beobachtet werden oder der Wachturm gar nicht besetzt ist. Alle haben aber gelernt, dass sie potentiell Gegenstand von Beobachtung und Überwachung sind, und passen deshalb ihr Verhalten »sicherheitshalber« so an, dass sie nicht auffallen (würden). Überwachung beruht hier vor allem auf absoluter Transparenz, also auf Sichtbarkeit, die allerdings ungleich verteilt ist.

Dieser panoptische Effekt macht die Überwachung und die Verhaltenskontrolle ungemein effizient, denn im Grunde muss man nur glaubhaft den Anschein erwecken, es werde alles beobachtet oder es könne alles beobachtet werden. In einem Gefängnis, aber auch in anderen mehr oder weniger

abgeschlossenen Einrichtungen oder »Disziplinarinstitutio-
nen« (Foucault) wie Krankenhäusern, Schulen, Kinderhei-
men, Kasernen, Klöstern usw., ist die totale Überwachung
oder zumindest ein mächtiger panoptischer Effekt leicht zu
erzielen. In einer freien Gesellschaft erscheint dies hingegen
weitaus schwieriger, wie auch die Geschichte von Zensur und
Kommunikationskontrolle gezeigt hat: Es wurde immer unter
falschem Namen, anonym, aus dem Ausland oder dem Unter-
grund publiziert. Wenn ein Medium verboten oder beschlagnahmt war, wurde ein anderes genutzt oder neu gegründet.
Kurzum die Vielfalt und Vielzahl der Kommunikationswege
erlaubte es trotz Zensur und Überwachung immer wieder,
auch relativ frei zu kommunizieren. Vieles blieb verborgen
und unbeobachtet, und alle Beteiligten wussten dies auch.

Der personelle und materielle Aufwand für die Kontrolle
von Kommunikation und Verhalten insgesamt stellte bis vor
Kurzem eine wirksame Grenze der Überwachung dar. Zwar
versuchten beispielsweise schon die Fabrikherren im 19. Jahrhundert, die Arbeiterinnen und Arbeiter nicht nur am Arbeitsplatz zu beaufsichtigen, sondern auch in den fabrikeige-
nen Wohnhäusern, Schulen und Kindergärten. Die öffentliche
Straßenbeleuchtung, die Videoüberwachung von Supermärk-
ten, Bahnhöfen und öffentlichen Plätzen sollen ähnliche Dis-
ziplinierungseffekte erzielen. Tatsächlich sorgen sie weniger
für Sicherheit als vor allem für Ungleichheit, denn durch die
Verlagerung von Kriminalität in den (noch) nicht überwach-
ten Raum entstehen relativ sichere Räume (in den wohlhabenden Wohngebieten) und sehr unsichere (in den ärmeren Vier-
teln). Eine wirksame Bekämpfung der Verbrechen oder gar
ihrer Ursachen wird damit nicht erreicht. Für alle diese kon-
ventionellen Überwachungsmaßnahmen, das Sichten von
Überwachungsvideos, Protokollieren des Abgehörten und die
Aktenführung wird immenser Aufwand betrieben. Wer einmal die Akten-Kilometer und die Gebäude der Stasi besich-
tigt hat, ahnt, wie aufwändig die analoge Überwachung war.

Durch die digitale Vernetzung unserer Kommunikation und weiter Teile unseres Alltagslebens hat sich diese Situation nun grundlegend verändert: Akten können elektronisch geführt, Videos mithilfe von Algorithmen und Gesichtserkennungssoftware halbautomatisch ausgewertet werden. Vor allem aber gilt: Alles, was wir im Netz tun, kann grundsätzlich gespeichert werden, weil es digitale Daten erzeugt. Ein sehr großer Teil wird auch tatsächlich – zumindest vorübergehend und manchmal anonymisiert – gespeichert. Das bedeutet, dass jede Mail, jede Instant Message, jeder Chat-Beitrag, alle unsere Postings, Fotos und Videos, die wir selbst ins Netz stellen, aber auch alles, was wir aus dem Netz abrufen, gespeichert werden kann. Alle Online-Aktivitäten erzeugen darüber hinaus sogenannte Metadaten, die Auskunft darüber geben, wer wann mit wem von welchen Orten und Rechnern aus, welche Art von Inhalten ausgetauscht hat. Diese Daten sind prinzipiell für immer und ewig verfügbar, werden also nicht automatisch gelöscht oder vergessen, und sie sind mithilfe von Algorithmen automatisch durchsuchbar. Während sich wohl niemand von uns erinnert, wann genau wir welchen Artikel online gelesen haben, wie lange wir dafür gebraucht haben und was wir vorher und hinterher im Netz sonst noch so getan haben, ist dieses Wissen im Netz verfügbar. Allerdings steht es uns selbst nicht zur Verfügung, sondern den Betreibern von Onlinediensten und digitalen Plattformen. Diese verfügen auch über die technischen und finanziellen Mittel und vor allem das wirtschaftliche Interesse, aus diesen Daten Informationen über uns Nutzerinnen und Nutzer zu gewinnen, mit denen sich Geld verdienen lässt.

Mittlerweile hat sich zwar herumgesprochen, dass sehr viele persönliche Daten und Metadaten gespeichert und von den kommerziellen Plattformen oder staatlichen Überwachungsbehörden auch genutzt werden. Aber als Laien wissen wir nicht wirklich, was diese Dritten über uns wissen – nur, dass sie in mancherlei Hinsicht mehr über uns wissen als wir selbst und als jemals zuvor irgendjemand über andere Menschen hat wissen können. Das gilt – zumindest theoretisch – sogar im Vergleich mit den Gefängnisinsassen des Panoptikums. Überwachung ist heutzutage nicht mehr so zentral organisiert wie im klassischen Panoptikum, aber auch unter Bedingungen des digitalen Netzes ist die Sichtbarkeit ungleich verteilt, denn während wir mit allen unseren Aktivitäten transparent sind, gilt dies nicht für Plattformanbieter. Weil wir aber ahnen, was möglich ist, kann auch hier ein panoptischer Effekt eintreten: Wir passen unser Verhalten an und entscheiden uns nicht mehr frei, etwas zu sagen oder zu schreiben, etwas zu lesen oder anzusehen.

Die Betreiber der digitalen Plattformen behaupten oft, dass wir ja schließlich freiwillig ihre Dienste nutzen, und noch dazu gratis. Wer also nichts von sich preisgeben wolle, der habe entweder etwas – offenbar moralisch Verwerfliches – zu verbergen oder er müsse ja diese Onlinedienste nicht nutzen. Manchmal heißt es auch, die Erhebung der Nutzungs- und Profildaten sei notwendig, um einen guten Service anzubieten. Gelegentlich wird auch argumentiert, unsere Daten seien doch ein fairer Preis für ansonsten kostenlose Angebote. Aber diese Argumente überzeugen bei genauerer Betrachtung nicht.

Erzwungene Freiwilligkeit

Wer heutzutage auf Suchmaschinen, Messenger-Dienste, E-Mails und andere »soziale Medien« verzichtet, zieht sich aus vielen sozialen Zusammenhängen und Gesprächen praktisch vollständig zurück. Jeder kann ein Eremitendasein wählen, aber eine realistische Alternative dürfte es für die Wenigsten darstellen. Theoretisch könnte man auch Strom, Wasser und Gas abbestellen, aber auch diese Infrastrukturen betrachten wir als selbstverständlich und unentbehrlich. Wer Teil dieser Gesellschaft sein und bleiben will, hat also keine völlig freie Wahl mehr, ob er digitale Medien nutzt. Auch die Auswahl zwischen verschiedenen Anbietern ist – anders als bei Strom und Gas – sehr begrenzt. Während ich mich problemlos für den Ökostrom-Anbieter entscheiden kann, ohne aus dem Netz »zu fallen«, sieht das bei Facebook, YouTube, WhatsApp oder Twitter schon ganz anders aus. Je mehr Menschen genau diese eine Plattform nutzen, umso wichtiger ist es für uns selbst, auf dieser Plattform unterwegs zu sein, weil man sonst weder seine Freunde noch eine interessierte Öffentlichkeit erreicht.

Medienökonomisch betrachtet handelt es sich um Netzwerkeffekte, die die Bildung von Monopolen begünstigen: Für alle Nutzerinnen und Nutzer ist es am praktischsten und effizientesten, nur auf Facebook zu sein und dort mit allen Freundinnen und Bekannten zu kommunizieren, statt Mitglied bei drei oder fünf verschiedenen Social Networks zu werden, um alle zu erreichen. Dasjenige soziale Netzwerk mit den meisten Nutzerinnen und Nutzern ist daher am attraktivsten und wird weiter wachsen, während die Konkurrenznetze immer mehr Mitglieder verlieren werden, bis schließlich nur noch der Marktführer als Monopolist übrig bleibt. Ähnliches gilt auch für Suchmaschinen, denn wer die meisten Suchanfragen verzeichnet, verfügt über die meisten Daten und kann die besten Suchergebnisse liefern. Wer die besten Suchergebnisse liefert, wird noch mehr Nutzer und Nutzerinnen anziehen usw.

Die Zustimmung zu den Nutzungsbedingungen von Social-Media-Plattformen erfolgt allerdings nur formal freiwillig, und es wird (mit Ausnahme einiger Cookie-Einstellungen bei Websites) auch keine Auswahl angeboten. Man stimmt entweder komplett zu oder gar nicht. Wozu man seine Zustimmung eigentlich gibt, bleibt letztlich unbekannt: Zum einen liest wohl niemand bis zu 30 Seiten Kleingedrucktes am Bildschirm durch, bevor er rechtsverbindlich erklärt, alles gelesen, verstanden und freiwillig zugestimmt zu haben. Und selbst wenn wir alles lesen und verstehen, dann stoßen wir auf recht vage Formulierungen und absichtlich eingebaute Hintertürchen. Gerne wird nämlich in den Nutzungsbedingungen angegeben, dass unsere Daten Drittanbietern und »Partnern« zur Verfügung gestellt werden, für die man leider nicht haften könne, oder dass sich die Verwendungszwecke unserer Daten jederzeit ändern könnten. Tatsächlich geben wir also keine freiwillige und informierte Zustimmung, sondern sehen uns zu einem paradoxen Verhalten erpresst. In der Kommunikationswissenschaft ist die Rede vom Privacy Paradox. Es besagt, dass wir zwar durchaus die Gefahren kennen, die aus der Preisgabe von privaten Informationen folgen, es aber trotzdem tun, um die für uns sehr wichtigen Dienste zu nutzen. Das Privatheits-Paradox gilt übrigens nicht nur für die Daten, die hinter unserem Rücken abgeschöpft werden, sondern auch für unsere Selbstdarstellungen im Netz, z. B. in unseren Facebook-Profilen und Postings.

Aber was ist an dem Argument der Betreiber dran, dass die Erfassung, Speicherung und Auswertung all unserer Daten notwendig für eine gute Service-Qualität ist? Diese Begründung stimmt, aber nur zu einem Teil: Die algorithmische Auswertung unserer Daten verschafft den Anbietern ein ziemlich umfassendes Bild von uns, sodass sie tatsächlich sehr gute personalisierte Angebote maßschneidern können: Wir bekommen wirklich die Suchergebnisse, nach denen wir gesucht haben; uns wird wirklich die Werbung für die Schuhe gezeigt, die wir gerne kaufen würden, und man schlägt uns auch die passenden Restaurants, Hotels oder Pauschalreiseziele vor. Mithilfe von automatisierten Auswertungsverfahren (durch) Algorithmen) und riesiger Datenmengen (Big Data) werden erstaunlich gute Leistungen angeboten, die uns immer wieder verblüffen. Allerdings passiert das keineswegs von selbst, quasi als Abfallprodukt digitaler Technologien und ohne dass die Plattformbetreiber das noch kontrollieren könnten. Big Data sind kein natürliches Produkt, auch kein Erdöl des digitalen Zeitalters, das einfach ausgebeutet werden kann, weil es ohnehin schon vorhanden ist. Big Data, also eine enorme Menge an Profil- und Nutzungsdaten aus allen Anwendungs- und Lebensbereichen jedes einzelnen Nutzers und jeder einzelnen Nutzerin werden sehr gezielt erzeugt, gespeichert und mithilfe von zum Teil selbstlernenden Software-Algorithmen ausgebeutet. Dahinter stehen starke wirtschaftliche Interessen der Plattformen, deren Geschäftsmodell ohne diese Art der Verwertung gar nicht funktionieren würde.

Der transparente Mensch

Es geht hier weder um die gar nicht so vereinzelten »Pannen« im Umgang mit Kundendaten oder den kriminellen Missbrauch durch Hacker, sondern um den Normalfall: Jedes handelsübliche Smartphone mit dem Google-Betriebssystem Android liefert jeden Tag rund 900 verschiedene Daten beim Server ab. In bislang kaum gekanntem Maße können die Plattformen als Datenhändler auf umfassende Bilder unseres Lebens zurückgreifen, die nicht nur alles einschließen, was wir selbst kommunizieren oder an Medien nutzen. Hinzu kommen detaillierte und vollständige Informationen über alle online gekauften Waren und Dienstleistungen (Menge, Häufigkeit, Kombination, Preis/Zahlungsbereitschaft), unsere Hobbys, Sportaktivitäten und den Urlaub, unsere kulturelle Orientierung (Ticketing, Bücher, Streaming) sowie Bewegungsdaten (Reise- und Fahrkartenbuchungen, Online-Karten und Routenplaner, Carsharing-Apps). Aussagekräftig können auch Job-, Immobilien-, Partner- und Dating-Plattformen sein, natürlich alle Bezahldienste sowie die GPS-Bewegungsdaten aus Smartphone und Tablet sowie dem Auto-Navi (Fahrverhalten). Unsere Bequemlichkeit bei der Nutzung von Alltagstechniken kann leicht ausgenutzt werden, um Daten miteinander zu verknüpfen, die »eigentlich« nichts miteinander zu tun haben: Beliebt sind sogenannte Single-

Sign-In-Systeme, die einem die Mühe abnehmen, sich mehrere Dutzend Passwörter zu merken (oder sie dann doch aufzuschreiben). Immer mehr Onlineangebote schlagen uns vor, uns einfach mit unserem Facebook- oder Google-Account anzumelden, mit der Folge dass alle Daten noch besser miteinander verknüpft und ein immer vollständigeres Bild unseres Privatlebens gezeichnet werden kann. Mittlerweile werden wir sogar aufgefordert, unsere Kaffeemaschinen und elektrischen Zahnbürsten online zu registrieren – gelockt wird mit Diensten, die vermutlich niemand benötigt. Wer sogenannte Gesundheits- und Fitness-Tracker verwendet, liefert Körperdaten bis hin zum Blutzuckerwert. Das »Internet der Dinge« (z. B. Smart Home) sorgt für umfassende Verhaltensdaten, die zusammen mit den Abhörprotokollen von Alexa, Siri, Cortana und Co. vermutlich noch besser gedeutet werden können. Brücken zwischen den vermeintlich getrennten Online- und Offline-Welten schlagen auch die Iris-Scans und Fingerabdrücke für die körperliche Identifizierung und Authentifizierung am Gerät sowie die Log-ins der Besitzer von Kunden-, Rabatt- und Bonuskarten (etwa Payback).

Sind denn unsere Daten nicht wirklich nur eine faire Bezahlung für die digitalen Dienste? Auch diese Rechtfertigung der Plattformbetreiber überzeugt nicht recht, denn wir geben mit unseren eigenen Daten etwas aus der Hand, dessen aktueller und vor allem zukünftiger Wert gar nicht bestimmbar ist. Die Verwendungs- und Verknüpfungsmöglichkeiten nehmen ständig zu, ein »fairer Preis« wie wir ihn beim Friseur, im Restaurant oder einer Autowerkstatt zahlen, lässt sich gar nicht ermitteln. Außerdem stellt sich die Frage, ob wir wirklich nur die Daten gegen Dienstleistungen eintauschen, die uns selbst ganz alleine gehören. Auch das scheint nicht der Fall zu sein, denn wir geben immer auch etwas über andere, unsere Beziehungen zu ihnen usw. weiter. Wenn also die persönlichen Daten wirklich ein fairer Preis wären, dann fragt sich, warum die digitalen Dienstleistungen nicht auch in einer kostenpflichtigen »Premiumvariante« angeboten werden. Dann hätten wir zumindest die Wahl, ob und mit wie vielen Daten wir »bezahlen« oder ob wir nicht lieber ins Portemonnaie greifen.

Aus allen unseren Daten gewinnen die Plattform-Konzerne Informationen, die für viele Dienstleister interessant sind:

- Im Rahmen der **personalisierten Werbung** werden nicht mehr Zielgruppen (etwa kinderlose Frauen mit hoher Bildung über 50 Jahre in Städten mit mehr als 100 000 Einwohnern) anvisiert, sondern Individuen in ausgewählten Situationen. Das Targeting und Re-Targeting beruht auf der Auswertung der Profile und der letzten Clicks im Netz, die darüber entscheiden, welche Werbung uns beispielsweise auf der nächsten Website angezeigt wird. Mithilfe von Algorithmen werden nicht nur unsere Interessen klar erkennbar, es lassen sich auch rasend schnell unsere Gemütsstimmungen erfassen: Bin ich in Kauflaune, will ich sofort auf die Insel, brauche ich Drogen, ein neues Auto oder einen anderen Sexualpartner? Die meisten von uns kennen mittlerweile den Effekt, dass wir online immer wieder auf dieselbe Werbung stoßen, egal auf welcher Website wir gerade surfen, und manchmal auch noch, nachdem wir das beworbene Produkt längst gekauft haben. Die Werbeplätze für die passenden Banner werden in Bruchteilen von Sekunden online versteigert, während die nächste Website gerade lädt. Im Gegensatz zur klassischen Anzeigen-, Spot- oder Plakatwerbung kann der Werbetreibende nachverfolgen, wie erfolgreich sein Werbebanner oder -posting war, zumindest wenn online gekauft wird. Der Nebeneffekt dieser erfolgreichen neuen Werbeform kann übrigens in ernsthaften Folgen für die Kommunikationsfreiheit bestehen: Die Werbetreibende geben ihr Geld zunehmend für solche effiziente Online-, Social- und Mobil-Media aus statt für Werbung in Presse und Rundfunk.

Dort fehlen nun jedoch zwischen einem und zwei Drittel der Einnahmen für die Finanzierung von freiem Journalismus und ein vielfältiges Medienangebot.

- Die Plattformen verwerten ihr Datenkapital aber nicht nur im Werbekontext, sondern sie können unsere Daten auch an **Versicherungen, Banken, Auto-, Ferienunterkunfts- oder Wohnungsvermieter,** künftig vielleicht auch an Menschen auf **Partner- oder Angestelltensuche** verkaufen. Zu wissen, an wen man Geld verleiht oder eine Wohnung vermietet, mehr über das Fahrverhalten des versicherten Autofahrers oder den Bewegungsmangel und Alkoholkonsum der Krankenversicherten zu erfahren, kann Geld wert sein. Umstritten ist derzeit, in welchem Maße Versicherungen auf dieser Grundlage unterschiedliche Tarife verlangen dürfen. Wer sich klarmacht, dass die eigenen Daten zur Grundlage von teilweise nur noch durch Algorithmen getroffene Entscheidungen über Arbeitsplätze, Wohnungen, Kredite oder Versicherungsverträge und -tarife werden können, wird wahrscheinlich sein Verhalten anpassen. Der panoptische Effekt kann auch hier kontrollierend und disziplinierend wirken. Algorithmen arbeiten keineswegs neutral und objektiv, sondern gewichten bestimmte Kriterien – sie sind genauso voreingenommen wie ihre Programmierer, wenn sie alle Menschen sozial sortieren. Wer in einem bestimmten Stadtviertel wohnt und einen »fremdländisch« klingenden Namen trägt, gehört womöglich einer statistischen Kategorie an, die – aufgrund von Diskriminierung – häufiger arbeitslos wird. Der Algorithmus meldet also einem Vermieter oder der Bank, lieber vorsichtig zu sein – völlig unabhängig von der tatsächlichen Person. Vielleicht gewährt die Bank trotzdem einen Kredit, lässt sich das algorithmisch berechnete höhere Risiko aber mit höheren Zinsen vergüten. Und womöglich führen die höheren Zinsen dazu, dass es tatsächlich Probleme bei der Rückzahlung der Raten gibt. Das »soziale

Sortieren« mithilfe von Algorithmen, die oftmals einen rassistischen oder sexistischen Bias (eine meist unbewusst eingebaute Tendenz) aufweisen, führt dann zu einer sich selbst erfüllenden Prophezeiung.

- Die oben erwähnten Mechanismen der Personalisierung von Kommunikationsangeboten auf den Plattformen können auch die **Suchergebnisse** und das **Nachrichtenangebot** beeinflussen. Aufgrund unserer vorherigen Suchen, der von uns genutzten Websites, der bevorzugten Quellen oder Communities, aber auch der in unserem Profil angegebenen Interessen und anderer Eigenschaften, die sich in den Daten niedergeschlagen haben, offeriert mir eine Suchmaschine wie Google bei derselben Anfrage andere Suchergebnisse als Ihnen. Während dem Fußballfan bei der Eingabe »München« relativ weit oben ein gewisser »FC Bayern« angezeigt wird, ist es bei der Opernfreundin wahrscheinlich eher die »Bayerische Staatsoper«. Vermutlich sind beide zufrieden mit dieser Personalisierung, weil sie rascher zum Ziel der Suche führen. Im konkreten Beispiel mag es auch hinnehmbar sein, dass der Bayern-Fan vielleicht nie etwas über eine erstklassige Institution der Hochkultur erfährt und umgekehrt der Opernfreund niemals die Spielüberlegenheit des deutschen Dauermeisters kennenlernt. Festhalten können wir aber, dass die Zeitungsleserin oder der Fernsehzuschauer mit größerer Wahrscheinlichkeit zumindest über die Existenz von Dingen erfährt, die sie oder ihn bislang nicht interessiert haben. Unter dem Gesichtspunkt der Kommunikationsfreiheit und der Vielfalt von Information wird die durch Personalisierung vorab eingeschränkte Auswahl von Informationen bei politischen und gesellschaftlichen Themen, die letztlich uns alle betreffen, fragwürdig.

Wenn ganze Themen ausgeblendet oder nur bestimmte Meinungen darüber online angeboten werden, wird die Informationsfreiheit erheblich stärker eingeschränkt, als dies bei den meisten redaktionellen Medien jemals der Fall war. Auch diese Medien wählen Nachrichten aus, und wir bezahlen sogar für diese hoffentlich kompetente Selektion. Auch Redaktionen vertreten ein bestimmtes Meinungsspektrum, aber sie berichten auch über andere Standpunkte. Der Unterschied zu Suchmaschinen oder algorithmisch personalisierten Nachrichtenangeboten besteht zudem in der Transparenz und den Kriterien der Selektion: Die Qualitätsmedien verfolgen den Anspruch, eine Nachrichtenauswahl und ein Meinungsspektrum zu zeigen, die für die Gesellschaft insgesamt relevant sind – sie handeln im Idealfall im öffentlichen Auftrag. Wer zur *Welt* greift, kann einschätzen, dass dort anders berichtet und kommentiert wird als in der *tageszeitung*. Personalisierte Online-Angebote hingegen wählen nach persönlicher Relevanz aus, die aufgrund unserer Vorgeschichte errechnet wird, und das in vielen Fällen, ohne dass wir dies überhaupt wissen. Nach dem Prinzip der Ähnlichkeit werden uns nur die Themen und Meinungen präsentiert, die eine hohe Erfolgswahrscheinlichkeit aufweisen. Erfolg bedeutet nach der Logik der Plattformkapitalisten aber nicht, dass alle Bürgerinnen und Bürger gut informiert sind, sondern dass möglichst jeder Nutzer möglich lange auf der Plattform verweilt, damit weitere Daten gesammelt werden können. Der US-Journalist Eli Pariser spricht von der Filterblase (Filter Bubble), in der wir uns im Internet bewegen, andere reden sogar von Echokammern: Gemeint ist, dass Personalisierung von Nachrichten und Meinungen und die Bildung immer speziellerer Online-Gemeinschaften dazu führen, dass wir nur noch die Ausschnitte der Wirklichkeit wahrnehmen, die uns gefallen oder unsere Meinung bestärken. Die Filterblase verhindert dann, dass wir uns durch freie Kommunikation eine neue eigene Meinung bilden können. Aus der Kommunikationspsychologie wissen wir, dass wir alle versuchen, kognitive

Dissonanzen zu vermeiden: Wenn Nachrichten unserem bisherigen Wissen über die Welt widersprechen oder Argumente nicht mit unserer angestammten Meinung vereinbar sind, erleben wir Stress und Unbehagen. Eine Zeitlang versuchen wir das Neue entweder irgendwie in Einklang mit dem Bekannten zu bringen, es zu ignorieren oder die Glaubwürdigkeit der Nachricht bzw. der Quelle in Zweifel zu ziehen. Wir streben nach Übereinstimmung oder kognitiver Konsonanz. Ein personalisiertes Medienangebot passt perfekt zu uns, wir erleben eine angenehme Übereinstimmung zwischen uns und der Welt der Tatsachen, haben alles im Griff und müssen nicht umdenken. Die Verführungskraft personalisierter Angebote sollte also nicht unterschätzt werden. Die Folgen für die Kommunikationsfreiheit dürfen aber auch nicht überschätzt werden: Die empirische Kommunikationsforschung hat festgestellt, dass es zumindest bislang in Deutschland kaum zur Bildung von Informationsblasen gekommen ist. Nur an den politischen Rändern lässt sich feststellen, dass Menschen nahezu ausschließlich Medien und Onlineangebote nutzen, die sie selbst in ihrer Meinung bestätigen. Die meisten Menschen interessieren sich zumindest in groben Umrissen dafür, was all »die anderen« interessant finden und meinen. Sie fragen nach journalistischen Qualitätsprodukten, um sich einen (halbwegs) objektiven Überblick zu verschaffen, oder nutzen – gerade online – sogar ein ganzes Spektrum unterschiedlicher Medien. In dem Maße aber, wie vor allem jüngere Menschen sich zunehmend auf Social Media als Hauptnachrichtenquelle bzw. gar als einzige Quelle verlassen oder sich ideologisch radikale Gruppen medial abschotten, könnte es künftig zu Problemen bei der demokratischen Meinungsbildung kommen.

Wenn wir uns die »Sozialen Medien« unter dem Gesichtspunkt der Kommunikationsfreiheit ansehen, dann ergibt sich

ein ambivalentes Bild: Es geht den Kommunikationsplattfor-
men in erster Line nämlich nicht darum, die soziale Kommunikation für jedermann und jedefrau zu erleichtern oder
unterdrückten Randgruppen eine öffentliche Kommunika-
tionsmöglichkeit zu geben. Freie Kommunikation, vernünftige Verständigung, kritische Öffentlichkeit werden als Neben-
effekte nur dann und nur insoweit in Kauf genommen, wie es
dem Sammeln verwertbarer Daten dient – den Rest dürfen
wir getrost als Unternehmenspropaganda zu den Akten legen. Die Bedeutung von Plattformen wie Facebook, YouTube,
Twitter, Instagram oder Suchmaschinen wie Google für die
Kommunikationsfreiheit ist zwiespältig: Wo die Prioritäten
der Plattformkonzerne liegen, wird nicht zuletzt durch ihre
Mitwirkung an staatlichen Zensurpraktiken in China und
andernorts deutlich. Die immer lauter in Europa diskutierte Frage lautet: Muss die Kommunikationsmacht der Platt-
form-Monopolisten politisch stärker reguliert werden, um
die Kommunikationsfreiheit aktiv und positiv auch dann zu
sichern, wenn die wirtschaftlichen Interessen der Plattformen
dem entgegenstehen?

Digitalisierung und Vernetzung unserer Gesellschaft haben neue Möglichkeiten der Überwachung von Kommunikation (und vielen anderen Online- und Offlineaktivitäten)
eröffnet, die durchaus zu panoptischen Wirkungen und
Gefahren für die Kommunikationsfreiheit führen können.
Im Gegensatz zum klassischen Panoptikum, wie es Michel
Foucault für staatliche kontrollierte und architektonisch rea-
lisierte Einschließungsmilieus beschreibt, hat sich aber eini-
ges verändert: Neben den Staat sind Wirtschaftsunternehmen
als mächtige Überwacher getreten (auch wenn beide vielfach
zusammenarbeiten). Vor allem aber findet die Überwachung
nicht mehr in Gefangenschaft statt, sondern in der Freiheit
des Netzes. Der französische Philosoph Gilles Deleuze hat bereits vor dem Erfolg des Internet den Begriff Kontrollgesell-
schaft vorgeschlagen, um die aktuelle Situation treffender zu

beschreiben. Schon 1993 hat er erkannt, dass es vor allem Datenverarbeitung und Software sein werden, die zusammen mit bestimmten sozialen Praktiken für die Kontrolle von Kommunikation (und dem Verhalten insgesamt) sorgen. Es sind also eher weiche (Software) und zumindest scheinbar freiwillig gewählte Mechanismen, die wirken. Hierzu sind auch unsere eigenen Verhaltensweisen in den Social-Media-Netzen zu rechnen, die auch ein Netz sozialer Kontrolle sind.

Auf der »Bühne« der sozialen Medien: Selbstdarstellung und informationelle Selbstbestimmung

Die sozialen Medien haben unsere alltägliche Kommunikation erheblich erweitert und uns neue Freiheiten eröffnet. Bislang konnten wir uns zwar per Brief, Telefon oder E-Mail an bereits bekannte Kommunikationspartnerinnen wenden und von diesen auf demselben Wege erreicht werden. Mithilfe von Profilen auf Social-Media-Plattformen oder mit dem Hochladen von Blogbeiträgen, Videos, Podcasts und Fotos können wir nun aber mit »aller Welt« kommunizieren – zumindest was die technische Reichweite angeht. Tatsächlich jedoch wird ein Drittel aller YouTube-Videos von weniger als 100, die Hälfte von weniger als 500 Menschen gesehen, während nur 10 Prozent der Videos rund 80 Prozent der Aufrufe ausmachen. Die Kommunikations-Chancen sind also auch hier nicht wirklich gleich verteilt. Aber richtig bleibt: Wie noch nie zuvor können wir als Laien eine öffentliche Bühne betreten, andere Laien auf dieser Bühne beobachten und ihre Auftritte bewerten. Die technische Beschaffenheit der Plattformen und ihre Regeln legen allen Nutzerinnen und Nutzern bestimmte Verhaltensweisen nahe: Wer auf Facebook aktiv sein will, braucht auch ein Profil, und ein Profil »hat nun mal« persönliche Fotos und Informationen zu enthalten. Wer auf Instagram »mitreden« möchte, muss »Selfies posten«, also persönliche Fotos veröffentlichen. Auch wenn es sich nicht um Vorschriften handelt, gegen die man nicht verstoßen dürfte – die Logik der Software veranlasst uns zu bestimmten Verhaltensweisen, sie zwingt uns nicht, aber sie »schubst« uns in die von den Plattformkonzernen gewollte Richtung. Dieses in der Kommunikationswissenschaft auch als »Nudging« bezeichnete Vorgehen schränkt unsere Freiheit ein, ohne dass dies für das Funktionieren der Kommunikation zwingend erforderlich wäre.

Auf den meisten Plattformen kommt es zu einem Wettbewerb um Follower, Likes, Retweets, Shares, Freundinnen usw. Gerade für Heranwachsende ist es sehr wichtig, bei anderen beliebt und begehrt zu sein. Ein erfolgversprechendes Mittel ist es, viel von sich selbst preiszugeben, Privates öffentlich oder zumindest halböffentlich sichtbar zu machen. Es geht einerseits darum, authentisch und sympathisch zu sein und andererseits originell und möglichst perfekt zu wirken. Was früher vielleicht in einem überschaubaren Kreis vor sich ging und irgendwann wieder von allen vergessen wurde, ist nun für sehr lange Zeit gespeichert und von sehr vielen Menschen auffindbar, die nicht (mehr) zum Bekannten- oder Freundeskreis zählen. Der soziale und der situative Kontext gehen verloren, die Grenzen zwischen Privatsphäre und Öffentlichkeit verschwimmen. Das Recht auf Privatsphäre (Privacy bzw. informationelle Selbstbestimmung) wird zwar spontan genutzt, um etwas von sich zu offenbaren. Ob ein Foto, Video oder eine Äußerung vielleicht Jahre oder Jahrzehnte später peinlich wirken oder gar persönlich schaden können, lässt sich aber kaum absehen. Es geht hier also nicht mehr um die Erinnerungen oder die Gerüchte und üblen Nachreden innerhalb der Gruppe, die eine gemeinsame Geschichte erlebt hat, sondern um eine kaum zu verhindernde dauerhafte Veröffentlichung des Privatlebens der gesamten Gruppe wie einzelner (Ex-)Mitglieder. Ein Löschen dieser Daten ist entweder gar nicht möglich oder es ist wenig wirksam, weil diese seit Jahren im Netz kursieren und vielfach gespeichert sind. Auch diese Daten sind automatisch durchsuchbar und können von ganz anderen Menschen und Organisationen, für die sie nie gedacht waren, in ganz anderen Kontexten verwendet werden. Das klassische Beispiel sind die Fotos von jugendlichen Party- oder Drogenexzessen, die zum Hindernis für den neuen Job werden oder Freundinnen, Bekannte, den Partner verstören. Die sozialen Medien haben die zentralistische Überwachung nach dem Gefängnismodell gewissermaßen demokratisiert, denn mit ihrer Hilfe können wir uns auch alle gegenseitig überwachen.

Alles Privatsache?

Geht es bei der Privatheit nicht um eine ureigene Privatsache, über die jeder selbst bestimmen sollte? Dann hätten doch jede und jeder auch das Recht, auf Privatsphäre zu verzichten, weil sie ohnehin »nichts zu verbergen haben«. Tatsächlich wird man das niemandem absprechen können, zumindest solange er oder sie andere nicht mit seinen Privatangelegenheiten belästigt. Doch es geht gerade bei Social Media nicht immer nur um die eigene Privatsphäre, sondern oft um die von Dritten: Viele Social Media-Inhalte betreffen gemeinsame Erlebnisse oder Berichte über die eigene Familie, die gesamte Clique, die Partnerin, den Freund, die Lehrerin oder den Sporttrainer. In den wenigsten Fällen werden die Betroffenen überhaupt gefragt, ob sie mit einer Veröffentlichung einverstanden sind, und vermutlich wäre es auch eher »uncool« dagegen zu protestieren. Auch hier wird also das Recht der informationellen Selbstbestimmung massenhaft, meist ohne böse Absicht oder ahnungslos, verletzt – von absichtlichen Bloßstellungen bis hin zu Nacktdarstellungen (»Revenge Porn«) ganz zu schweigen. Erst nach und nach entwickeln die Nutzerinnen und Nutzer selbst ethische Maßstäbe, um besser abzuwägen, was man tun oder lieber lassen sollte. Der verantwortungsvolle Umgang mit der neuen Kommunikationsfreiheit muss erst mühsam gelernt werden. Seit ein paar Jahren gilt in Deutschland und der EU ein eingeschränktes Recht auf Vergessenwerden, so dass bestimmte persönliche Inhalte zum Beispiel aus den Suchmaschinentreffern auf Antrag entfernt werden können.

Privatheit ist zweifellos ein elementares individuelles Menschenrecht, aber sie ist, wie der Sozialphilosoph Axel Honneth bemerkt, auch ein soziales Freiheitsrecht. Private Schutzräume werden für eine funktionierende Gesellschaft benötigt, denn es bedarf der Rückzugsräume um sich zu Selbsthilfe- ebenso wie zu Protestgruppen zusammenzufinden. Der Verzicht auf Privatheit oder ihr ungewollter Verlust können unserer Gemeinschaft bzw. Gesellschaft Probleme bereiten: Das Private wird als Gegenpol zum Öffentlichen benötigt, denn es braucht einen Ort oder Zeit für die eigene Reflexion, die Entwicklung von Gedanken und Meinungen, die nicht sofort vor anderen gerechtfertigt werden müssen. Privatheit schafft die Voraussetzung für Vertrauen, Nähe und Intimität, die für eine Entwicklung einer reifen Persönlichkeit und für Bildung im klassischen Sinne notwendig sind. Erst auf dieser Basis können wir dann als Bürgerinnen und Bürger rational am Diskurs der Öffentlichkeit teilnehmen. Privatheit, verstanden als Autonomie oder Freiheit zur Selbstbestimmung, ist nicht nur eine negative Freiheit, also eine individuelle Freiheit von äußerer Einflussnahme und Fremdbestimmung. Sie ist darüber hinaus ein Freiheitsrecht von Gruppen: Auch Familien, Freundeskreise, Vereine etc. haben ein Anrecht auf Autonomie und Selbstbestimmung darüber, wer was über sie erfährt – und wer nicht. Wir sind es gewohnt selbst zu entscheiden, wer zu unseren Freunden und Bekannten zählt. In dieses Selbstbestimmungsrecht greifen nun Plattform-Algorithmen ein, wenn sie Gruppen aufgrund bestimmter digital erfasster Profil- oder Verhaltensmerkmale bilden. Algorithmen

gruppieren ein, und zwar nicht nur im Sinne von Zielgruppen, die für bestimmte Werbebotschaften relevant sind. Die
Eingruppierung nimmt Einfluss auf die Interaktion unter den
einzelnen Mitgliedern eines Sozialen Netzwerkes: »Freunde«
werden vorgeschlagen, andere Menschen teilweise oder vollständig ausgeblendet, und das nach meist völlig undurchsich-
tigen Maßstäben.

Social Media können umgekehrt auch zu viel Privatheit
unterstützen und unser Interesse so stark auf das unmittelbare Umfeld oder uns selbst lenken, dass wir kein offenes Ohr
mehr für andere Themen haben. Der Facebook-Gründer und
-Eigentümer Mark Zuckerberg hat diese Überbewertung des
Privaten, die Teil des Geschäftsmodells von Facebook ist, einmal mit dem Satz auf den Punkt gebracht, dass ein sterbendes
Eichhörnchen im eigenen Vorgarten interessanter sein könnte als in Afrika verhungernde Menschen.

Meinungszwang

Der Wettbewerb um Aufmerksamkeit auf Social Media ist
ein Ausdruck unserer individualisierten Lebensweise, die
insgesamt stark auf Selbstverwirklichung und Selbstvervoll-
kommnung setzt. Social Media bieten hier Vergleichsmaß-
stäbe und Bewertungsmechanismen. Sie verstärken also eine
gesellschaftliche Entwicklung, denn sie legen nicht nur den
Vergleich mit anderen nahe, sondern fordern uns ständig auf,
andere zu bewerten oder unsere Meinung zu allen möglichen
Fragen zu äußern. Mit dem vorgeblichen Argument, den Service zu verbessern oder anderen Konsumenten bei ihren Entscheidungen zu helfen, sollen wir alles und jedes bewerten,
Punkte und Sterne vergeben oder selbst eine Bewertung tex-
ten: Wie war das Essen im Restaurant oder der Kantine, wie
die Bedienung? War der Paketbote pünktlich und freund-
lich? Was taugt der Zahnarzt um die Ecke? Abgefragt wer-

den nicht mehr nur Produktqualitäten, sondern die »Performance« einer Dienstleistung, die untrennbar mit einem konkreten Menschen verbunden ist. Es hat sich eine Kultur der Rankings, Scores und Ratings etabliert, bei der jeder nahezu alles bewerten kann. Und das ohne Ansehen seiner Sach- und Beurteilungskompetenzen, seiner Erfahrungen, eigenen Interessen und Abhängigkeiten. Wenn ständig jede und jeder aufgefordert wird, von der eigenen Kommunikationsfreiheit Gebrauch zu machen, erhöht das wahrscheinlich nicht das fachliche Niveau der Diskussion. Gerade die spontane Möglichkeit mit sehr kurzen Statements Stellung zu Dingen zu nehmen, die man vielleicht nie gesehen oder ernsthaft durchdacht hat, kann dazu führen, dass am Ende die gesamte Kommunikation an der Sache vorbei geht und auch die besten Beiträge gar nicht mehr wahrgenommen werden.

Viele von uns sind neugierig zu erfahren, wie sie selbst bewertet werden von anderen Menschen oder von Algorithmen: Bin ich besser oder schlechter als »der Schnitt«, beliebter oder weniger beliebt als bestimmte andere Personen, mit denen ich mich gerne vergleiche? Im Ergebnis kommt es nicht unbedingt zu höherer Informiertheit, intelligenteren Entscheidungen oder verbesserten Leistungen, sondern vor allem zu höherem Leistungsdruck. Das gilt nicht zuletzt für die Anforderungen an uns selbst: Die scheinbar objektive Beschreibung von Leistungen und Körpermerkmalen, der Versuch das Selbst auf die Kommastelle genau auszurechnen, wird als »Quantified Self« bezeichnet. Über die Kriterien und Maßstäbe bestimmen wir dabei aber keineswegs selbst, es geht nicht um die private Reflexion wie beim Tagebuchschreiben. Nicht das Verstehen von Gründen oder gar die Selbsterkenntnis, sondern das Messen, Vergleichen, Bewerten mit dem Ziel der Verhaltens- und Körperoptimierung geben hier den Ausschlag. Es geht nicht darum, zu sich selbst zu kommen, sondern darum besser als die anderen zu sein oder zumindest besser, als man bis dahin selbst war.

Transparenz gilt gemeinhin als fortschrittliche politische Forderung: Staat, Verwaltung, Wirtschaft sollen nicht im Geheimen arbeiten, sondern möglichst alles offen legen. Öffentlichkeit gilt zu Recht als kritische Instanz, die öffentliche Sichtbarkeit der digital erzeugten Bewertungen von »Normalbürgern« und -bürgerinnen aber droht zum Instrument der sozialen Kontrolle zu werden. Am drastischsten umgesetzt wird das derzeit in China, wo es nicht nur um moralischen Druck geht. Hier sind mit einem schlechten »Social Score« ganz reale Nachteile bei der Behandlung durch die Behörden verbunden. Aus humanistischer Sicht eine Horrorvorstellung, aber nicht ganz unrealistisch ist, dass soziale Bewertungen mit einer Gesichtserkennungstechnologie (z. B. einer Digital-Brille) verbunden werden, sodass jeder jeden identifizieren und seinen vermeintlichen »moralischen Wert«, seine Vertrauenswürdigkeit und Ehrenhaftigkeit, und zwar nach dem tagesaktuellen Stand, erkennen kann. Auch wenn diese Beurteilungen vielleicht wenig taugen, können sie das Verhalten der Menschen untereinander beeinflussen. Aus einer falschen schlechten Bewertung folgt echtes Misstrauen und eine zurückhaltende Behandlung des Anderen, der im Ergebnis ebenfalls nicht vertraut. Am Ende erweist sich die falsche Bewertung vielleicht als selbsterfüllende Prophezeiung.

Blickt man auf die Geschichte der politischen Kommunikation und der Demokratie zurück, dann wird man immer wieder Beispiele dafür finden, dass riskante Aussagen und Forderungen nur anonym veröffentlicht wurden. Um ihre Person, ihr Leben oder ihre Familie vor staatlicher oder kirchlicher Verfolgung zu schützen, wurde zwar frei und öffentlich kommuniziert, aber das Recht auf informationelle Selbstbestimmung – lange bevor es den Begriff dafür gab – genutzt, um seinen echten Namen zu verschweigen. Auch heute ist dies in vielen Staaten, in manchen Situationen aber für Whistleblower auch in liberalen Demokratien ein wichtiges Freiheitsrecht. Die Onlinekommunikation bietet hierfür einerseits wie das Beispiel Wikileaks zeigt sehr gute und neuartige Möglich-keiten. Andererseits erlauben die Datenspuren es aber auch vielen repressiven Regimen, ihre Dissidenten und Kritiker zu identifizieren und dann permanent zu überwachen.

Die digitale Agora? Folgen und neue Grenzen der neuen Kommunikationsfreiheit für alle

Wer mit seinen Social Media-Postings und Kommentaren hohe Reichweiten erzielen möchte, der sollte möglichst ra-dikale Ansichten propagieren, Lügen verbreiten oder Hass-reden halten. Tatsächlich rufen sensationelle Nachrichten, besonders abseitige Ansichten und starke Emotionen hohe Aufmerksamkeit hervor, wie es die Boulevardmedien lange Zeit sehr erfolgreich vorgeführt haben. Bei den Social Media liegt der Fall aber etwas anders: Zum einen kann sich nun im Grunde jeder dieser Aufmerksamkeitsfänger bedienen, und zum anderen sorgen die Algorithmen der Plattformen für einen Verstärkungseffekt. Sie wählen nämlich für ihre Vor-schläge an andere User aus, was Reichweite und Nutzungs-dauer erhöht, völlig unabhängig von der Art der Inhalte. Die Selektion erfolgt also nicht mehr nach wie auch immer gear-teten moralischen Grundsätzen, aufgrund der besonderen ge-sellschaftlichen Relevanz oder der überprüften Wahrheit von Meldungen. Diese Logik der Plattformen stachelt den Wett-bewerb der Blogger, Poster und Kommentatoren an, die an-hand ihrer Likes, Abrufzahlen und Rankings feststellen kön-nen, wie erfolgreich sie waren. Die Plattformbetreiber haben lange Zeit so getan, als ob sie damit nichts zu tun hätten. Sie ga-ben vor, als neutrale Telekommunikationsanbieter gar nicht in die Inhalte der Kommunikation eingreifen zu dürfen, um die Kommunikationsfreiheit nicht zu verletzen. Ein Überhand-nehmen von Hassbotschaften und absichtlich falschen Nach-richten (Fake News) wird für sie allenfalls zum Problem, wenn die gesamte Plattform in Verruf gerät oder es sich um eindeutige Straftaten (etwa Kinderpornographie) handelt. Tatsächlich gelöscht wurden vor allem erotische Darstellungen oder pauschal alle Abbildungen nackter Körper(partien), weil dies den nordamerikanischen Moralvorstellungen angeblich widerspricht und die Betreiber allesamt in den USA sitzen.

Durch die ständige Beobachtung der Themen und Meinungen, die in den sozialen Netzwerken und Suchmaschinen nachgefragt werden, verfügen die Plattformbetreiber nicht nur über genaue Kenntnisse, was jede und jeder Einzelne gerade interessant findet oder bewegt. Facebook, Google, Twitter & Co. wissen auch, für was gerade weite Teile der Gesellschaft und der Wählerschaft besonders empfänglich sind. Zumindest theoretisch ergibt sich daraus eine nie zuvor dagewesene Macht, große Teile der Bevölkerung »in Echtzeit« zu beeinflussen – der Wunschtraum aller Propagandisten. Facebook hat übrigens schon 2014 in einem Großexperiment mit 700 000 unfreiwilligen Teilnehmern und Teilnehmerinnen die Newsfeeds manipuliert, um die Auswirkungen auf deren Stimmung zu überprüfen. Transparenz und Überwachung sind also nicht nur Privatsache, sondern eine gesellschaftliche Frage.

Die Steigerung und Erweiterung der Kommunikationsfreiheit durch Onlinekommunikation und Social Media erleichtert es in vielen Staaten nicht nur den politisch Unterdrückten, sich selbst öffentlich und dazu kostengünstig zu artikulieren. Solange keine staatliche Kontrolle wie in autoritären Staaten erfolgt, können überall die journalistischen Gatekeeper, also die Torwächter, die über Veröffentlichung oder Nicht-Veröffentlichung entscheiden, umgangen werden. Mit diesem teilweisen Wegfall und Bedeutungsverlust professioneller Gatekeeper gehen auch professionelle Standards und ethische Normen verloren. Laien, die öffentlich kommunizieren, kennen diese entweder nicht oder fühlen sich ihnen nicht verpflichtet. Die Trennung von wahrheitsgemäßen und zu prüfenden Nachrichten einerseits und bloßen Meinungen andererseits, die Grenzen zwischen Meinung und Ehrverletzung, der Unterschied von redaktionellem Inhalt und Werbung werden nicht länger beachtet. Aufmerksamkeit für die eigenen Aussagen zu erzielen ist besonders schwierig, gerade weil das Angebot so groß geworden ist.

Overblocking

Die Verrohung der Onlinekommunikation in den sozialen Netzwerkdiensten, aber auch der gezielte politische Missbrauch werfen erneut die Frage nach legitimen Grenzen der Kommunikationsfreiheit auf: Die gesetzlichen Schranken der Kommunikationsfreiheit gelten selbstverständlich auch online, d. h. das Netz ist und war keineswegs ein rechtsfreier Raum. Beleidigung, Verleumdung, üble Nachrede, die Verbreitung von Schmähungen und Hass, das Hetzen, die Verherrlichung von oder der Aufruf zur Gewalt sind strafbar. Oftmals schwierig ist allerdings die tatsächliche Strafverfolgung, die immer nur im Nachhinein stattfinden kann. Je länger es dauert, bis eine Straftat angezeigt, die Verantwortlichen identifiziert und juristische Schritte eingeleitet werden, umso länger und intensiver können die problematischen Botschaften wirken. Die schiere Menge an Kommunikation stellt eine sehr große Herausforderung, wenn nicht eine Überforderung von Polizei und Justiz dar. Jeden Tag werden Milliarden von Postings ausgetauscht, alleine auf YouTube werden täglich rund 80 000 Stunden Videomaterial hochgeladen.

Die Betreiber der Plattformen haben deshalb bestimmte Standards für erlaubte und verbotene Inhalte festgelegt, und sie werden auch vom Staat zum Beispiel in Deutschland verpflichtet, bestimmte Inhalte sehr rasch zu löschen oder sogar Anzeige zu erstatten. Das umstrittene Netzwerkdurchsetzungsgesetz (NetzDG) hält die Plattformbetreiber in Deutschland dazu an, auf Beschwerden der Nutzerschaft rasch zu reagieren. Offensichtlich rechtswidrige Inhalte müssen innerhalb von 24 Stunden, näher zu prüfende gegebenenfalls innerhalb von einer Woche gelöscht oder blockiert werden. Wer im Einzelnen anhand welcher Kriterien entscheidet, ist nicht immer sehr transparent. In jedem Fall ist es bemerkenswert, dass das NetzDG staatliche Aufgaben in die Hände kommerzieller Unternehmen legt, deren demokratische Legitimation angezweifelt werden kann.

Gesetze gegen Hate Speech werden meist mit den schädlichen Folgen von Hass im Netz begründet. Auch wenn diese schädlichen Folgen nicht eintreten müssen, entstehen zweifellos Gefahren oder vorhandene Gefahren werden noch erhöht. Aus kommunikationswissenschaftlicher Sicht wäre eine sehr differenzierte Beurteilung zu empfehlen, um realistisch zu bestimmen, unter welchen Umständen es wirklich gefährlich wird. Aus der Medienwirkungsforschung wissen wir, dass es praktisch nie alleine am Medieninhalt oder der Aussage liegt, wenn am Ende einer langen Ursache-Wirkungs-Kette tatsächlich Gewalt steht. Es kommt ganz darauf an, wer die Aussage wie versteht, in welcher individuellen und gesellschaftlichen Situation sie oder er sich befindet, ob vorhandene Neigungen und Überzeugungen angesprochen werden, und auf viele andere Faktoren. Das automatisierte oder manuelle Entfernen von Mitteilungen, wie es die meisten der Anti-Hate-Speech-Gesetze vorsehen, löscht die Mitteilungen aber für alle, auch für diejenigen, bei denen sie nichts Problematisches auslösen. Anders als beispielsweise beim Jugendschutz wird keine differenzierte Gefährdungseinschätzung vorgenommen und der Medienzugang nur für bestimmte »Risiko-Gruppen« erschwert. Die Löschkommandos von Facebook und Co. sind nicht zu beneiden: Sie werden mit Massen von üblen und verstörenden Inhalten konfrontiert und müssen Entscheidungen treffen, ohne alles zu kennen, was für eine gute Abwägung von Freiheit und Schutzinteressen notwendig wäre. Beim Blockieren und Löschen können auch Algorithmen eingesetzt werden, die rechtswidrige Inhalte automatisch erkennen können sollen. Das klingt nach einer angemessenen und effizienten Lösung, löst aber das Grundproblem nicht. Weil bei Verstößen gegen die Löschpflicht Strafen von bis zu 500 000 Euro drohen, dürfte im Zweifel eher zu viel als zu wenig gelöscht werden, es kommt mit großer Wahrscheinlichkeit zum Overblocking. Das gilt vor allem im globalen Maßstab, weil sich ein Betreiber an den international strengsten Vorschriften orientiert und die Algorithmen schon bei den leisesten Anzeichen aktiv werden. Der liberale britische Historiker und Vorkämpfer der Redefreiheit, Timothy Gordon Ash, argumentiert, dass die islamkritischen Mohamed-Karikaturen in Dänemark ebenso wenig Schaden angerichtet hätten wie Salman Rushdies in englischer Sprache in Europa publizierten »Satanischen Verse«. Erst die – von interessierter Seite – organisierte Übermittlung in konservative muslimische Staaten wie Pakistan, den Iran oder die Golfstaaten führte zu Gewaltausbrüchen. Nach der Löschlogik von Facebook und Co. hätte man vermutlich weder die »Satanischen Verse« noch die dänischen Karikaturen überhaupt publiziert.

Wenn man sich beispielsweise bei religiösen Inhalten an Saudi-Arabien oder dem Iran orientieren würde, bei politischen Inhalten an Russland oder China und bei erotischen Inhalten an den USA oder dem Vatikan, sähe die Onlinewelt völlig anders aus: Sehr viele, auch völlig legitime und beispielsweise in Deutschland eindeutig rechtmäßige Inhalte würden blockiert. Wenn man sich in Bezug auf Antisemitismus und Holocaust-Leugnung an den USA oder Kanada orientieren würde, wäre vieles erlaubt, was in Deutschland verboten ist. Bekannt sind die Anekdoten über die aus Prüderie gesperrten Fotos weiblicher Brüste, die jedoch nicht auf Erotik- oder Pornoseiten zu finden waren, sondern auf einer Aufklärungs-Website über Brustkrebs. So drastisch wie die genannten Beispiele dürfte es nur selten sein, aber es gibt

Belege dafür, dass die Informationsfreiheit tatsächlich durch solches Overblocking eingeschränkt wird, etwa wenn in China die Verbrechen der chinesischen KP bei der Niederschlagung der Tiananmen-Proteste auch von Google nicht angezeigt werden – zumindest vor den Jahrestagen.

Facebook hat 2020 ein »Oversight Board« eingerichtet, das wie ein privater Gerichtshof darüber entscheiden soll, welche Beiträge aus dem Angebot gelöscht werden. Das Gremium soll aus 40 unabhängigen Persönlichkeiten bestehen und mit 130 Mio. Dollar ausgestattet durch eine vom Unternehmen getrennte Stiftung organisiert werden. Begrüßenswert ist, dass Facebook damit beginnt, Verantwortung für Inhalte zu übernehmen und sich nicht auf die irrige Position zurückzieht, das Netzwerk sei eine neutrale Plattform wie die Post oder ein Telefonbetreiber. Allerdings besitzen solche privaten Gerichte keinerlei demokratische Legitimation; eine Stiftung oder gar ein Monopolkonzern sind eben kein Rechtsstaat.

Die Onlinemedien habe die Kommunikationsfreiheit für die meisten Menschen ohne Frage erheblich erweitert und gesellschaftlich demokratisiert. Bei den sogenannten sozialen Medien handelt es sich in erster Linie um kommerzielle Plattformen, deren Geschäftsmodell im Sammeln, algorithmischen Auswerten und Vermarkten persönlicher Daten besteht. Dieser Überwachungskapitalismus gefährdet die informationelle Selbstbestimmung und damit die Kommunikationsfreiheit. Die massenhafte öffentliche Kommunikation von jedermann und jederfrau führt im Kampf um Aufmerksamkeit ebenso wie die Agitation und Propaganda extremistischer Gruppen zu einer Verrohung von Kommunikation. Zur Bekämpfung von Fake News und Hate Speech werden Maßnahmen getroffen, die zu einem Overblocking führen können – die Kommunikationsfreiheit wird dann auf zweifelhafter Grundlage von privaten Konzernen eingeschränkt.

8. Fazit

Wenn man genauer hinsieht, dann umfasst die Kommunikationsfreiheit sehr viele Freiheiten, die gar nicht voneinander zu trennen sind: Gedanken-, Glaubens- und Meinungsfreiheit sind ohne Meinungsäußerungs-, Rede- und heutzutage Medienfreiheit gar nicht vorstellbar. Wir benötigen den freien Austausch, ebenso wie den freien Zugang zu Informationen. Wir müssen uns versammeln dürfen, um zu reden oder zu protestieren. Wissenschaft, Religion, Kunst beruhen auf freier Kommunikation. Wir dürfen aber auch nicht zur Kommunikation, zum Bekenntnis von Meinungen oder zur Preisgabe von Informationen und Daten gezwungen werden, wenn wir Kommunikationsfreiheit vollständig genießen möchten. Diese negative Kommunikationsfreiheit und das Recht auf informationelle Selbstbestimmung sind also ganz wichtige Freiheiten.

Aber es gibt Grenzen auch dieser Freiheit, die entscheidende Frage ist nur, wo sie liegen und wer sie festlegt. Darüber, dass kirchliche oder staatliche Zensur nicht zulässig sind, herrscht zumindest in westlichen Gesellschaften relativ große Einigkeit. Gleichwohl gibt es auch hier Forderungen, stärker zu kontrollieren, zu blockieren und zu löschen. Kommunika-

tionsfreiheit kann in Konflikt kommen mit anderen Freiheiten, aber auch mit der Sicherheit und vor allem mit der Würde
des Menschen. Es braucht gute Argumente und deren Austausch, um die Grenzen genauer und vor allem gemeinsam
festzulegen: Wir müssen frei kommunizieren können, um uns
über die Grenzen der Freiheit zu verständigen.

Ein Blick in die Welt zeigt einerseits, dass Kommunikationsfreiheit fast überall grundsätzlich anerkannt wird, dass
sie aber andererseits ganz verschieden interpretiert und umgesetzt wird. Es sind vielerorts die korrupten Eliten und brutalen Potentaten, die religiöse oder kulturelle Gründe dafür
vorschieben, dass die Freiheit der Kommunikation nicht im
»westlichen Sinne« verstanden werden dürfe und der wahre Glaube, die rechte Ideologie, die nationale Sicherheit oder
die »Volksgesundheit« nun einmal Vorrang genießen. Die
Begründungen sind immer wieder dieselben, die in der Geschichte eine Rolle spielten. Fast immer geht es tatsächlich nur
um den eigenen Machterhalt, jedenfalls muss man sehr genau
hinsehen. Das gilt auch für Länder und Zeiten, die nicht sehr
fern liegen: Entwicklungen in den östlichen Ländern der EU,
aber auch die eigene Geschichte der letzten Jahrzehnte bieten
hierfür Belege.

Mit dem Internet ist das Problem der Kommunikationsfreiheit keineswegs gelöst: Nun sind es nicht nur die autoritären Staaten, die kontrollieren, blockieren und löschen,
sondern auch kommerzielle Digitalplattformen. Sie haben
sehr viel Macht gewonnen und sehr viel Wissen über uns
alle gesammelt, weil sie die Herren der Daten sind. Digitale Überwachung als Geschäftsmodell tritt zunehmend an
die Stelle staatlicher Vorzensur der Medien, auch wenn diese noch nicht überall abgeschafft ist. Fake News, Hassrede,
Hetze und Propaganda, Kinderpornographie oder Anlei-
tungen zum Bombenbasteln machen nur einen Bruchteil
der Online-Kommunikation aus, die uns allen neue Freiheiten beschert hat. Aber diese bösartigen Erscheinungen lassen

regelmäßig die Forderung nach Zensur und Kontrolle laut werden.

Die Debatte über die Kommunikationsfreiheit geht weiter. Erfolgreich kann sie nur in Freiheit geführt werden.

Literatur und Online-Quellen

Fischer, Heinz-Dietrich (Hrsg.) (1982): Deutsche Kommunikationskontrolle des 15. bis 20. Jahrhunderts. München: Saur.
Umfangreicher Sammelband, in dem fachkundig die historische Entwicklung von Pressefreiheit und Zensur behandelt werden.

Garton Ash, Timothy (2016): Redefreiheit. Prinzipien für eine vernetzte Welt. München: Hanser.
Materialreiche und anregende Untersuchung der Kommunikationsfreiheit und ihrer vor allem durch das globale Internet hervorgerufenen Herausforderungen aus liberaler Sicht.

Hoffmann-Riem, Wolfgang (2002): Kommunikationsfreiheiten. Kommentierungen zu Art. 5 Abs. 1 und 2 sowie Art 8 GG. Baden-Baden: Nomos.
Grundlegende rechtswissenschaftliche Verfassungsinterpretation des Medienrechtlers und ehemaligen Bundesverfassungsrichters, die auch für Nichtjuristen verständlich und lesenswert ist.

Pariser, Eli (2012): Filter Bubble. Wie wir im Internet entmündigt werden. München: Hanser.
Populäre Darstellung der möglichen Folgen von personalisierten Suchergebnissen und Onlinenachrichten, die eine gesellschaftliche und wissenschaftliche Debatte angestoßen hat.

Roßbach, Nikola (2018): Achtung Zensur! Über Meinungsfreiheit und ihre Grenzen. Berlin: Ullstein.
Ein gelungener Essay, in dem viele der aktuell diskutierten Argumente kritisch untersucht werden.

Schweiger, Wolfgang et al. (2019): Algorithmisch personalisierte Nachrichtenkanäle. Begriffe, Nutzung, Wirkung. Wiesbaden: Springer VS.
Eine kommunikationswissenschaftlich fundierte, aber allgemeinverständliche Darstellung des Forschungsstandes zur Filterblasen-Debatte und den Wirkungen von algorithmisch zusammengestellten Medienmenüs.

Sell, Saskia (2017): Kommunikationsfreiheit. Emanzipatorische Diskurse im Kontext medientechnologischer Entwicklungsprozesse. Wiesbaden: Springer VS.
Aktuelle Doktorarbeit, die aus kommunikationswissenschaftlicher Perspektive die Kommunikationsfreiheit vor dem Hintergrund des Medienwandels sowie die aktuelle Debatte darüber untersucht.

Wilke, Jürgen (1983): Leitideen in der Begründung der Pressefreiheit. In: Publizistik, 28. Jg., Nr. 4, S. 512–521.
Kommunikations- und ideengeschichtlich fundierte Darstellung, die einen sehr guten Überblick verschafft und zum eigenen Nachdenken anregt.

Zuboff, Shoshanna (2018): Das Zeitalter des Überwachungskapitalismus. Frankfurt: Campus.
Umfangreiche Kritik der Praktiken und Geschäftsmodelle der
großen Online-Plattformen.

Hilfreiche Online-Quellen

algorithmwatch.org
setzt sich zum Ziel, Prozesse algorithmischer Entscheidungs-
findung zu beobachten und kritisch einzuordnen. Die ge-
meinnützige Organisation wird von Stiftungen sowie dem
Bundesbildungsministerium unterstützt.

indexoncensorship.org
ist eine spendenfinanzierte unabhängige Organisation, die international Verletzungen der Medienfreiheit sowie der Wissen-
schafts- und der Kunstfreiheit dokumentiert und bekämpft.
Sie gibt einen Jahresbericht sowie eine Zeitschrift heraus.

netzpolitik.org
versteht sich als Plattform für digitale Freiheitsrechte. Eine
Website und ein wöchentlicher Newsletter informieren über
politische Initiativen, Praktiken der Überwachung und rechtliche Entwicklungen. Die Redaktion wird vor allem durch
Spenden finanziert.

reporter-ohne-grenzen.de
dokumentiert Verstöße gegen die Presse- und Informationsfreiheit weltweit, setzt sich für mehr Sicherheit und besse-
ren Schutz von Journalisten ein und kämpft gegen Zensur
sowie restriktive Mediengesetze. Der Verein wurde 1994 als
deutscher Zweig der französischen Reporters sans frontières
(RSF) gegründet und erstellt unter anderem eine internationale Rangliste der Pressefreiheit.

Glossar

Algorithmen beschreiben die schrittweise Lösung eines Problems, zum Beispiel einer Rechenaufgabe, oder das Treffen von Entscheidungen, das Sortieren und Einteilen nach zuvor festgelegten Merkmalen. Die eindeutige Formalisierung der einzelnen Schritte ist die Voraussetzung für eine automatische Berechnung von Lösungen, die durch Computer sehr schnell, massenweise und zuverlässig erfolgt.

Big Data: Form der Datenverarbeitung, die auf sehr große Datenmengen zurückgreift. Mithilfe von Algorithmen und automatisierten Verfahren werden diese Datenmengen strukturiert, Muster erkannt und ausgewertet.

Desinformation: Strategie der Fehl- und Falschinformation, bei der es um die Irreführung der Menschen geht. Es werden entweder gezielt unwahre Behauptungen aufgestellt (Fake News) oder zutreffende Aussagen verbreitet, die aber von der eigentlichen Frage ablenken.

Fake News: Zum einen Mittel der Desinformation durch bewusste und böswillige Behauptung von Falschnachrichten,

© Der/die Herausgeber bzw. der/die Autor(en), exklusiv lizenziert durch Springer Fachmedien Wiesbaden GmbH, ein Teil von Springer Nature 2021
K. Beck, *Kommunikationsfreiheit*, Medienwissen kompakt,
https://doi.org/10.1007/978-3-658-32478-0

zum anderen politischer Kampfbegriff von Populisten. Sie verunglimpfen Nachrichten und Medien, die ihren eigenen Ansichten widersprechen, als Fake News oder Fake Media.

Filterblase (Filter Bubble): Auf Eli Pariser zurückgehende Befürchtung, dass Suchmaschinen und Social Media-Plattformen durch die personalisierte Nachrichtenauswahl die einzelnen Nutzer oder kleine Gruppen vom Rest der Gesellschaft, anderen Meinungen oder Themen abkapseln.

GPS: Das Global Positioning System erlaubt mithilfe von Satelliten die Bestimmung des geografischen Ortes bzw. Aufenthaltsortes sowie die Navigation. GPS wurde vom US-Militär entwickelt, steht aber für zivile und kommerzielle Zwecke zur Verfügung. Das vergleichbare europäische Galileo-System wird derzeit ausgebaut.

Hate Speech: Aus dem amerikanischen Sprachgebrauch stammende Bezeichnung für beleidigende und verhetzende Äußerungen und Kommentare, die anderen Menschen ihre Würde absprechen, diese schmähen, verunglimpfen und verächtlich machen oder zur Gewalt gegen sie aufhetzen.

Informationelle Selbstbestimmung: Im Volkszählungsurteil 1983 erkannte das Bundesverfassungsgericht die informationelle Selbstbestimmung als individuelles Freiheits- und Schutzrecht an. Es geht um den Schutz der Privatsphäre und aller Daten, aus denen Informationen über die Person, ihre Wohnung und ihre Kommunikation gewonnen werden können.

Innere Pressefreiheit: Im Gegensatz zur äußeren Pressefreiheit, die vor allem durch den Staat bedroht werden kann, geht es bei der Inneren Pressfreiheit um die Freiheit von Journalistinnen und Journalisten innerhalb der Medienorganisation, insbesondere gegenüber der Chefredaktion, den Herausgebern sowie dem Verlag bzw. Medienunternehmen.

Internet der Dinge: Die Digitalisierung und Vernetzung unseres Alltags betrifft nicht mehr nur Computer und Mobiltelefone, sondern immer mehr Haushaltsgeräte (»Smart Home«) sowie Fahrzeuge (mit der Vision des »autonomen Fahrzeugs«). Sie lassen sich als sog. »intelligente Geräte« zum Teil automatisch über Algorithmen fernsteuern, liefern aber auch zahlreiche Daten über ihre Nutzerinnen und Nutzer.

Kognitive Dissonanz/Konsonanz: Ein vor allem von Leon D. Festinger erforschtes sozialpsychologisches Phänomen, das beschreibt, wie wir mit Widersprüchen (Dissonanzen) zwischen neuen Informationen und vorhandenem Wissen und Ansichten umgehen. Wir bemühen uns um Konsonanz (Übereinstimmung), die wir als angenehm empfinden, und ignorieren deshalb dissonante Informationen oder bezweifeln die Glaubwürdigkeit ihrer Quellen.

Leaker: Aus dem Englischen übernommene Bezeichnung für einen Informanten, der ohne dazu berechtigt zu sein, Informationen an Medienredaktionen »durchsickern« (to leak) lässt oder selbst anonym über Online-Plattformen (wie Wikileaks) veröffentlicht.

Mediatisierung: Prozess der zunehmenden Durchdringung unseres Alltags mit Medien.

Newsfeed: Persönlich adressierte Mitteilungen über neue Online-Nachrichten, die per Abonnement bezogen werden können.

Notstandsgesetze: 1968 von der Großen Koalition aus CDU/ CSU und SPD beschlossene Gesetze, in denen für den Verteidigungs- oder Spannungsfall weitegehende Einschränkungen der Grundrechte vorgesehen sind. Die Verabschiedung der Notstandsgesetze war neben dem Vietnamkrieg einer der Auslöser der Außerparlamentarischen Oppostion (APO) und der Studentenbewegung.

Nudging: Nutzerinnen und Nutzern von Onlinemedien und -plattformen wird ein bestimmtes Verhalten durch Software und die Funktionalitäten der angebotenen Dienste nahe gelegt. Nudging gleicht eher einem Drängen, Stupsen oder »Schubsen« (to nudge) als einem ausdrücklichen Zwang.

Overblocking: Um die Verletzung von nationalen Gesetzen und entsprechende Geldstrafen zu vermeiden, werden im Zweifel lieber mehr als weniger Inhalte gelöscht oder blockiert. Dabei wird auch der Zugang zu völlig legalen Online-Inhalten verhindert und die Kommunikationsfreiheit unabsichtlich aber fahrlässig eingeschränkt.

Panoptikum/panoptischer Effekt: Das Panoptikum bezeichnet ursprünglich die Architektur von Gefängnissen, bei denen von einem zentralen Wachturm aus alle Insassen beobachtet werden können. Die Gefangenen können nicht erkennen, ob sie gerade tatsächlich beobachtet werden, passen ihr Verhalten aber vorbeugend an und es kommt zu einer panoptischen Wirkung. Michel Foucault hat diese Metapher verwendet, um gesellschaftliche Machtverhältnisse jenseits des Gefängnisses zu untersuchen.

Plattform: Plattformen dienen der Vermittlung zwischen mindestens zwei Seiten, z. B. Käufer/Verkäufer, Mieter/Vermieter oder wie bei Social Media der Kommunikation zwischen Ditten. Sie sind keine neutralen Makler oder Foren, sondern verfolgen eigene wirtschaftliche Interessen, indem sie die gesammelten Daten verwerten.

Privacy Paradox: Obwohl man weiß, dass man bei der Nutzung von Onlineplattformen Verhaltens- und Profildaten hinterlässt, aus denen sich sensible Informationen über die eigene Person und das Privatleben gewinnen lassen, nutzt man die Plattformen.

Schweigespirale: Von Elisabeth Noelle-Neumann formulierte publizistikwissenschaftliche Theorie der öffentlichen Meinung. Weil wir uns sozial nicht isolieren möchten, äußern wir unsere Meinung nur, wenn wir glauben, dass sie der Mehrheitsmeinung entspricht. Eine davon abweichende, vermeintliche Minderheitsmeinung verschweigen wir hingegen. Es kommt zu einer Spirale des Schweigens, vor allem weil uns Medien und Journalismus oftmals ein falsches Bild der tatsächlichen Meinungsverteilung liefern.

Targeting/Re-Targeting: Verfahren der personalisierten Onlinewerbung, die auf einzelne User zielt (Target) statt auf bestimmte Gruppen wie klassische Medienwerbung. Aufgrund des bisherigen Onlineverhaltens wird immer wieder dieselbe personalisierte Werbung auf den nachfolgend besuchten Websites platziert (Re-Targeting), der User also regelrecht verfolgt.

Third-Person-Effect: Annahme, dass Medieninhalte zwar auf andere (dritte Personen) wirken, während man selbst der Wirkung entgeht, z. B. weil man die Absichten und Strategien durchblickt oder sich selbst »einfach für schlauer« hält.

Whistleblower: Ähnlich wie der Leaker gibt auch der Whistleblower Informationen an Medien oder direkt an die Öffentlichkeit, um diese zu alarmieren und auf Missstände oder Gefahren aufmerksam zu machen.

Zwiebel-/Sphärentheorie: Jede Person wird (wie die Zwiebel von Häuten) von der Intimsphäre, der Privatsphäre, der Sozialsphäre und der Öffentlichkeitssphäre umhüllt. Diese räumliche Vorstellung verliert aufgrund neuer Kommunikationsströme und Publikationslogiken allerdings an Überzeugungskraft.

Printed in the United States
By Bookmasters